江西理工大学优秀博士论文文库

WOGUO HULIANWANG JINRONG XINXI PILU JIANGUAN YANJIU

# 我国互联网金融
## 信息披露监管研究

邱灵敏⊙著

知识产权出版社

全国百佳图书出版单位

—北 京—

**图书在版编目（CIP）数据**

我国互联网金融信息披露监管研究/邱灵敏著. —北京：知识产权出版社，2019.12
ISBN 978-7-5130-6690-7

Ⅰ. ①我… Ⅱ. ①邱… Ⅲ. ①互联网络—应用—金融监管—信息管理—研究—中国 Ⅳ. ①F832.29

中国版本图书馆 CIP 数据核字（2019）第 285206 号


策划编辑：蔡　虹
责任编辑：荆成恭　　　　　　　责任校对：潘凤越
封面设计：刘　伟　　　　　　　责任印制：孙婷婷


# 我国互联网金融信息披露监管研究

邱灵敏　著

| 出版发行：**知识产权出版社** 有限责任公司 | 网　　址：http://www.ipph.cn |
|---|---|
| 社　　址：北京市海淀区气象路 50 号院 | 邮　　编：100081 |
| 责编电话：010-82000860 转 8341 | 责编邮箱：jcggxj219@163.com |
| 发行电话：010-82000860 转 8101/8102 | 发行传真：010-82000893/82005070/82000270 |
| 印　　刷：北京建宏印刷有限公司 | 经　　销：各大网上书店、新华书店及相关专业书店 |
| 开　　本：720mm×1000mm　1/16 | 印　　张：12.5 |
| 版　　次：2019 年 12 月第 1 版 | 印　　次：2019 年 12 月第 1 次印刷 |
| 字　　数：186 千字 | 定　　价：69.00 元 |
| ISBN 978-7-5130-6690-7 | |

# 前　言

政府工作报告连续五年提及互联网金融。虽然近几年互联网金融行业的整体环境和风险管控逐渐趋好，但仍属于风险的高发期。金融活，经济活；金融稳，经济稳。金融安全关乎国家经济安全，金融发展深系国家经济发展。2019 年 2 月 22 日，习近平总书记主持中共中央政治局第十三次集体学习时强调，金融是国家重要的核心竞争力，金融安全是国家安全的重要组成部分，金融制度是经济社会发展中重要的基础性制度。金融安全的核心是金融风险管控能力。在互联网金融生态链上投资主体❶、金融机构、金融监管部门等金融活动的相关主体虽然角色不同，但维护金融安全保护工作需要发挥各主体的积极作用，关键问题是必须加强生态链上互联网金融活动各相关主体的信息披露。以信息披露为核心的互联网金融监管是现阶段互联网金融市场发展的主要任务之一。

互联网金融比传统金融具有透明度高、交易成本低、资源分布广以及协作性好等一系列优势。它对我国市场繁荣、金融创新、资本积累等有一定的积极作用，但同时也带来了诸多发展的代价，如融资人跑路、圈钱、集资诈骗等犯罪猖獗。从对实务界的高度关注和理论界的深入研究上，发现其原因在于互联网金融信息披露监管生态链的相关主体存在困境：信息披露主体的规避问题、信用中介主体的增信失真问题、投资主体的非理性和救济能力不足问题、监管主体的监管权力分配问题。我们依次从四个不同主体的角度对国内外信息披露监管

---

❶ 投资主体即投资者。为与互联网金融的信息披露主体、信用中介主体、监管主体相对应，本书多用投资主体。

规则做了综述性的文献梳理，发现我国互联网金融信息披露监管的理论研究较为薄弱，实践应对比较乏力。因此，对互联网金融信息披露监管相关主体所面对的核心问题，运用相关理论，分门别类地进行分析和破解，以此尝试构建我国互联网金融信息披露监管规则体系具有重要的理论意义和现实意义。

互联网金融信息不对称导致金融风险，信息披露源于保护金融安全，是契约精神的体现，因此信息披露监管规则应用于互联网金融监管领域与社会主流价值观的一致性得到了解释。互联网金融信息披露监管其实就是解决相关主体在信息披露过程中出现的问题，力求运用科学的理论进行分析和破解。

①信息披露主体的披露动机是满足合规性与自身效益的最大化，故而运用成本收益理论来研究信息披露主体的规避问题。

②第三方信用评级是信息披露主体的无形资产和信用"身份证"，对信息披露主体有获客（客专指投资主体）效应，故而引入网络外部性理论研究中介主体的失真问题。

③运用行为经济学理论研究投资主体在信息披露中对信息接受、处理的非理性行为问题。

④基于我国互联网金融监管部门的多头竞争状况，运用金融监管竞争理论研究监管主体间的监管权力分配问题。

由于互联网金融信息披露具有低成本性、迅捷性、丰富性及超链接性等特点，所以互联网金融与传统金融在信息披露上存在差异，故而互联网金融信息披露监管问题的表现及原因具有其特殊性。

①信息披露主体的规避问题。信息披露主体的信息披露动机是满足法律合规性与自身效益的最大化。因互联网金融信息披露的易篡改性、隐蔽性，信息披露证据收集和认定困难。信息披露的超链接性和相关责任制度缺失，信息披露主体的违约违规与违法成本低下，导致互联网金融信息披露中信息披露主体的违约违规与违法行为尤为突出。

②中介主体的增信失真问题。第三方信用评级是信息披露主体的无形资产和信用"身份证"，对信息披露主体有获客（获得投资主

体）效应。我国互联网金融信用评级存在购买行为及披露标准的"与众不同"、内容的有限性、评级方法及程序的随意性等现象。究其原因，是我国征信体系不完善、缺乏信用评估制度、信用信息披露机制缺失等因素造成的。

③投资主体理性决策和救济能力不足问题。由于互联网金融信息披露的重要对象是缺乏金融知识及经验的一般投资主体，所以其非理性障碍更为突出。同时互联网金融信息披露的丰富性、迅捷性和披露方式的网络化使投资主体的非理性投资决策程度进一步严重。因此，投资主体在信息处理方面能力堪忧。

④监管主体的多头监管问题。互联网金融业务的跨界性经营与分业监管体制的矛盾，地方金融监管机构和互联网金融协会功能限于安排与辅导，建规、执规、追责能力不足。

通过对我国与美英两国互联网金融信息披露监管规则进行比较分析，发现我国互联网金融信息披露监管存在信息披露主体信息披露法律法规建设滞后、投资主体非理性保护、信用中介主体监管规则缺失、监管主体职权不明确等问题。而美英两国互联网金融信息披露虽有不足但更有值得借鉴的先进经验。美英两国在信息披露主体的违约违规与违法行为方面有较完善的法律法规；在中介主体的信用评级方面有完善的征信体系和信用评分系统；在投资主体方面有分类认定标准及消费者权益保护法；美国互联网金融监管格局是"联邦—州—行业协会"三足鼎立，实行多层次监管体制，英国是政府监管与行业自律双重监管格局，两国都注重行业协会的作用；等等。美英两国这些信息披露监管规则为我国构建互联网金融信息披露监管规则提供了域外经验借鉴。

根据以上理论和实证研究、剖析及比较分析的路径，形成了互联网金融信息披露监管规则设计的理论思路。

①信息披露主体监管规则的构建路径。因披露主体披露的动机是满足合规性和收益最大化，故而通过优化信息披露内容和结构压缩减少披露主体的信息披露合规成本。通过建立信息披露违规退市机制、提高信息披露违规诉讼机制的执法绩效和金融欺诈违法成本等措施，

以提高披露主体违约违规与违法成本，来抑制互联网金融信息披露主体的欺诈、违规问题。

②信用中介主体信息披露监管规则的构建路径。为了保障信用中介主体信用评级的真实性、科学性、准确性，建议建立互联网金融信息披露信用评价标准、建立健全互联网金融信用评级机制、建立健全互联网金融信用评级披露机制、构建互联网金融信息共享机制等。

③投资主体信息披露监管规则的构建路径。运用行为经济学理论和借鉴美英两国保护投资主体的先进经验，建议建立对合格投资主体的信息披露轻推设计机制、信息披露符合投资主体心理和行为习惯的设计和投资主体的冷静期制度设计，以及完善民事诉讼救济机制、加强投资主体维权能力和加强投资主体教育等路径，提高投资主体的决策能力和救济能力。

④信息披露监管主体的监管格局构建路径。针对互联网金融监管主体的多头监管问题，建议构建互联网金融信息披露监管的差序格局体系、强化地方金融监管部门属地风险预警和处置责任、实行监管部门与行业协会自律组织共同监管和互联网金融协会信息披露监管流程预设等路线设计。

# CONTENTS

## 目 录

# 第一章 导 论

## 一、研究背景和问题提出

互联网金融是充分结合传统金融产业和以移动支付、云计算、大数据等为基础的互联网技术，其已成为我国金融市场格局中的一股颠覆性力量，影响着我国金融的发展趋势和格局。互联网金融具有普惠性、精确性、递增性、时空性及综合性的功能，拓宽了传统金融产品创新领域和金融服务领域，使越来越多的中小型生产者和大众消费者享受其带来的金融服务的便利性，以一种更加隐蔽的方式促进经济的创新性发展。❶互联网金融拓展了金融交易的可能性边界，能够服务传统金融机构所不被重视的投融资群体（"长尾效应"的特征），互联网金融降低投融资者准入门槛，利于满足小微企业的融资需求，促进市场公平定价。互联网金融的普惠化、融资便利化和交易扁平化等优势使互联网金融得到快速发展。

但互联网金融在拥有这些优势的同时，在其发展过程中逐步累积的信用风险、法律风险、操作风险、流动性风险亦不断叠加与积聚，互联网金融领域中的金融创新与金融监管、金融效率与金融安全之间的冲突碰撞，成为悬挂在互联网金融之上的"达摩克利斯之剑"。2013 年以来，互联网金融领域中的大规模平台跑路、虚假借贷欺诈、违规自融自保等问题不断爆发，尤其是 2015 年风靡一时的"e 租宝"事件更是让 P2P 网贷一度成为集资诈骗、非法吸收公众存款的代名

---

❶ 周琰. 互联网金融的理论基础及其网络经济特点 [J]. 中共福建省委党校学报，2015（11）：82 - 83.

词，损害了广大投资者的合法权益，严重影响了正常的金融秩序和社会稳定。互联网金融领域乱象丛生的现状引起监管层的密切关注，自2014 年起，历年的《政府工作报告》都提及"互联网金融"，用语从2014 年的"促进互联网金融健康发展"，转变为 2016 年的"规范发展"和 2017 年的"高度警惕"，2018 年则要求健全"互联网金融"监管。继 2015 年中国人民银行等十部门联合发布《关于促进互联网金融健康发展的指导意见》之后，2016 年全国性的互联网金融行业自律组织即中国互联网金融协会成立，相关规范性文件密集出台。其中 2016 年 10 月 13 日，国务院正式发布《互联网金融风险专项整治实施方案》，随后中国人民银行、银监会、证监会、保监会、国家工商行政管理总局等部委相继跟进发布各自主管领域的专项整治工作实施方案，在全国范围内掀起了一场互联网金融的"整治风暴"。同时银监会等部门陆续发布《网络借贷信息中介机构业务活动管理暂行办法》《网络借贷信息中介机构备案登记管理指引》《网络借贷资金存管业务指引》《网络借贷信息中介机构业务活动信息披露指引》等规范性文件，初步形成了网贷行业"1＋3"监管规则框架，对互联网平台应当披露的具体事项、披露时间和频率及口径等做了明确规定，为监管机关对网贷行业风险信息的监管提供了规范依据。可是在执行层面，监管机关依旧陷入实施互联网平台监管的信息劣势之困境。由于互联网金融业务的虚拟性、非直接接触性和科技属性，监管机关在实施监管时，对于网贷平台和借贷双方的身份认证及违约责任确定都存在不少的困难；互联网金融交易数据的电子证据易被篡改、伪造，加大了监管机关对互联网平台信息监管的技术要求。此外，目前互联网金融平台良莠不齐，大型平台尚能基本符合监管机关的信息披露要求，而为数众多的中小平台则在合规道路上"匍匐前行"，离基本信息披露要求仍然还有较大差距。时至今日，互联网金融领域"史上最严监管"专项行动已开展两年有余，有力打击了互联网金融领域的违约违规与违法经营现象，也打击了一大批不合格乃至涉及违法犯罪经营的互联网金融平台，引导互联网金融行业开始步入规范创新的正确轨道。但在互联网金融风险监管行动成果累累的背后，仍存在许多问题，并引起不少业界和学界相关人士的担忧或争议。

使用信息工具时，要根据不同领域的信息不对称程度对信息主体设定不同程度的义务。❶ 在没有合适的规则约束和利益刺激的情况下，信息占有优势方缺乏披露真实信息的主动性，或者说其披露真实信息具有偶然性。在我国互联网金融市场中，信息占有劣势方——投资者缺乏实质性保障手段来了解投资标的的真实情况。互联网金融交易中的借款者与出借者，既因为彼此之间的陌生人信任而保证了交易的前提，又因为天然的信息不对称而引发了互联网金融的信用风险。信息不对称的结果是，引发了如平台自建资金池、债权拆分、期限错配、平台自融、虚构投资项目等互联网金融信用风险。互联网金融是互联网技术与金融业务的深度融合，丰富了金融交易形式并简化了金融交易流程，但互联网金融在本质上仍然是金融。❷ 互联网金融作为一种金融创新，考验着现有金融监管制度的适用性和有效性，增加了改进现有金融监管制度的动力和可能性。从制度经济学角度来讲，互联网金融监管制度创新是通过界定互联网金融活动各相关主体的权益、规范其行为、降低风险的不确定性，从而实现金融监管制度新的均衡。如何理性认识互联网金融及信息披露监管的特殊性，掌握互联网金融风险的规律和特殊性，从而最大限度发挥中国互联网金融在支持实体经济中的积极作用，以及如何建立更为适应中国互联网金融乃至整个金融业发展的有效信息披露监管制度，是当前亟待研究和解决的重要问题。可以看出，信息不对称和信息供给不足是引发互联网金融风险危机的直接和根本原因。因此，互联网金融监管的本质问题是互联网金融信息披露的监管问题。基于此，本书认为"信息披露监管"不是一个孤立的个体，应是互联网金融相关主体综合监管体系的映射而存在，从信息披露监管相关主体的角度，探索构建我国互联网金融信息披露监管规则的路径，对深入探讨和有效解决我国互联网金融风险具有十分重要的理论意义和现实意义。

---

❶ 应飞虎，涂向前. 公共规制中的信息工具 [J]. 中国社会科学，2010 (4).

❷ 李君君. 互联网金融的本质与监管 [J]. 中国政法大学学报，2016 (2)；谢平，邹传伟，刘海二. 互联网金融模式研究 [J]. 新金融评论，2012 (1).

## （一）互联网金融信息披露监管相关研究对象的界定

本书研究互联网金融信息披露监管，是从互联网金融信息披露监管相关主体的角度进行分门别类的研究，基于以上主体视角的研究思路，在此对本书涉及的相关概念进行界定。

### 1. 互联网金融内涵的界定及主要模式

20世纪末以来，在学界和业界都没有"互联网金融"的说法，不过在西方发达国家相继出现网络银行（Network bank）、电子金融（E－finance）等提法。我国"互联网金融"这个学术概念最早是由学者谢平（2012）提出。他认为互联网金融可称为"互联网金融模式"或"互联网直接融资市场"，因为互联网金融不同于互联网金融市场直接融资的第三种金融融资模式，也不同于商业银行间接融资。[●]其他学者如王国刚、吴晓求等人对此也提出了自己的看法。目前，互联网金融的概念有狭义和广义之分。在学界，所谓狭义的互联网金融是指运用互联网技术实现资金融通功能的机构、行为、工具以及市场的统称。广义的互联网金融是指包括运用互联网技术并体现互联网精神的所有金融业态。[❷] 2015年中国人民银行等十部门共同发布的《关于促进互联网金融健康发展的指导意见》，该意见指出互联网金融是一种新型的金融业务模式。这是因为互联网平台和传统金融机构利用信息通信技术和互联网技术完成了支付、投资、资金融通和信息中介服务等具体业务工作。

本书通过研究各方观点，认为互联网金融有以下三个关键点：

第一，互联网金融发展的基础是数字化（或称信息化）；

第二，互联网金融功能的互联网化；

第三，互联网金融发展的前提是要有基于长尾理论的利基市场、要服务广大的社会公众、要实现真正的普惠金融。

因此，本书认为互联网金融是以金融理论和网络经济规律为指导，以搜索引擎、云数据、社交网络等互联网通信技术工具为支撑，

---

● 谢平. 互联网金融新模式 [J]. 新世纪周刊, 2012 (24): 15.
❷ 王达. 美国互联网金融与大数据监管研究 [M]. 北京：中国金融出版社, 2016: 7.

以金融市场参与主体的信息化运行为基础，具备互联网精神和金融功能特性的新型金融业务模式。

学界对互联网金融模式的划分也没有统一标准。吴晓求（2015）认为互联网金融模式大致可归为以下四类。

①网络融资。一是 P2P 平台贷款，二是众筹模式，三是基于平台客户信息和云数据的各种贷款。

②网络货币。

③第三方支付。

④网络投资。一是网上的货币金融市场，二是股权众筹和 P2P 平台的投资主体。

郑联盛（2014）提出互联网金融可概括为第三方支付、网络信用业务、虚拟货币和金融机构信息网络化等金融模式。王达（2014）认为互联网金融模式主要包括以下七类：（P2P）网络借贷、众筹融资、互联网金融门户、大数据金融、"余额宝"模式、第三方支付、信息化金融机构。[1]

本书认为互联网金融模式可以主要从网络平台和金融功能两个核心要素出发进行归类，并贯彻结合政府机构分类监管的指导意见，互联网金融可分为六大模式，见表 1–1。[2]

表 1–1 互联网金融的六种模式解析

| 模式分类 | 含义 | 服务宗旨 | 主体/媒介 | 责任与义务 | 监管机构 |
|---|---|---|---|---|---|
| 互联网支付 | 通过计算机、手机等设备，依托互联网发起支付指令、转移货币资金的服务 | 服务电子商务发展，为社会提供小额、快捷、便民小微支付 | 银行金融机构、第三方支付机构、第三方支付机构与其他机构开展合作 | 清晰权利义务关系，建立风险隔离机制、客户权益保障机制，披露服务信息，揭示业务风险，不得夸大支付服务中介的性质和职能 | 人民银行 |

---

❶ 丁玉，卢国彬. 互联网金融：本质、风险及监管路径 [J]. 金融发展研究，2016（10）：39.

❷ 孔丽. 互联网金融风险传导机制与违约成因的法律研究 [J]. 互联网金融法律评论，2017（8）：15.

续表

| 模式分类 | 含义 | 服务宗旨 | 主体/媒介 | 责任与义务 | 监管机构 |
|---|---|---|---|---|---|
| 网络借贷 | 个体网络借贷是指个体与个体之间通过互联网平台实现的直接借贷 | 坚持平台功能，提供信息服务 | 互联网企业 | 不得提供增信服务，不得非法集资，信息中介性质 | 银监会❶ |
| | 网络小额贷款是指互联网企业通过其控制的小额贷款公司，利用互联网向客户提供的小额贷款 | 提供小额贷款服务 | 互联网企业 | 遵守小额贷款公司监管规定，降低客户融资成本 | 银监会 |
| 股权众筹融资 | 通过互联网形式进行公开的小额股权投融资的活动 | 服务创新、创业企业，服务小微企业 | 互联网网站/其他类似的电子媒介 | 如实披露企业的关键信息，不得误导或欺诈投资者 | 证监会 |
| 互联网基金销售 | 通过互联网销售基金等理财产品 | 向客户提供金融服务 | 基金销售机构，其他机构 | 防范期限错配和流动风险，不得与基金产品收益混同，备付金专款专用 | 证监会 |
| 互联网保险 | 通过互联网销售保险产品 | 提供针对性的保险服务 | 保险公司 | 确保交易安全、信息安全和资金安全 | 保监会 |
| 互联网信托和互联网消费金融 | 通过互联网进行产品销售及开展其他信托业务 | 向客户提供金融服务 | 信托公司，消费金融公司 | 审慎甄别客户身份，评估客户风险承受能力 | 银监会 |

**2. 互联网金融信息披露监管相关主体界定**

金融监管有广义和狭义两个概念。一般狭义的金融监管是指一个国家的金融监管机构或中央银行对金融机构实施的业务范围、市场准入和退出等相关方面的合规性要求，金融机构内部的组织结构、风险控制等方面管制和监督的限制性要求，以及相关立法体系的要求；行

---

❶ 2018 年 4 月，银监会与保监会合并为银保监会，现互联网金融相对应的模式由银保监会监管。

业自律性组织的监管，金融机构本身的内部管理；等等。❶ 本书的互联网金融信息披露监管是指广义上的监管。因此本书所提的互联网金融信息披露监管是广义上的监管规则，既包含信息披露监管规则体系，也包括信息披露规则体系。从一般意义上讲，信息披露规则是指互联网金融市场的有关当事人依照法律、法规、金融监管部门规章及行业自律机构的有关规定制定披露方式、披露时间和披露内容等方面的规范和活动准则。信息披露监管规则主要是指金融监管机构对金融机构设定监管权力、监管对象、监管目标、监管程序、监管责任等方面要求。

①互联网金融信息披露主体。互联网金融信息披露监管规则构建的这个生态链里一般涉及四大主体。第一个主体是信息披露的核心主体即信息披露主体。传统的信息披露主体多以融资人为主，考虑互联网金融融资模式的特殊性，作为信息中介服务机构的互联网金融平台也属于信息披露主体。❷ 因此本书所述的互联网金融信息披露中的信息披露主体，主要是指传统金融中的借款人以及在互联网金融借贷关系中作为信息中介服务的互联网金融平台，以下把两者统称为披露主体。

②互联网金融信息披露中的中介主体。互联网金融信息披露监管生态链中的第二个主体是作为间接信息披露的中介主体，主要是一些中介类机构，包括会计、审计、征信、法律机构等，本书所指的中介主体主要指政府、社会的第三方评级机构即对信息披露主体进行资信评级的机构。第三方评级机构主要作用就是提供信用报告、帮助投资主体做出理性和正确的投资决策，是一种社会中介服务。以下所提到的互联网金融信息披露中的中介主体都称为信用中介主体。

③互联网金融信息披露中的投资主体。第三个主体是信息披露的接受者即投资主体，在特定情况下投资主体也有信息披露的义务。这

---

❶ 欧阳日晖. 互联网金融监管：自律、包容与创新 [M]. 北京：经济科学出版社，2015：56.

❷ 对于 P2P 平台概念的界定，在《网络借贷信息中介机构业务活动管理暂行办法》颁布后，各平台经过整改只存在一种模式，即信息中介模式。《网络借贷信息中介机构业务活动管理暂行办法》规定了 P2P 网络借贷平台负有信息披露的义务。

种特定情况是法律及金融监管的要求，如一些大的投资主体的资金来源等问题。因互联网金融的普惠性及产品投资的大众化，使那些零售客户以及小型的法人和公益法人、缺乏金融知识及经验的一般投资主体成为互联网金融信息披露的重要对象，故而，互联网金融市场的投资主体其非理性障碍更为突出。同时互联网金融信息披露的丰富性、迅捷性和披露方式的网络化使投资主体的弱势程度进一步严重。下文对互联网金融信息披露中的投资主体都简称为投资主体。

④互联网金融信息披露中的监管主体。第四个主体是互联网金融信息披露监管生态链的一个重要的信息披露主体即监管主体。狭义上的监管主体主要是指政府和相关的监管部门以及法律机构，广义上除了这些正规的金融监管机构还包括行业自律组织及社会监管等。本书所阐述的是广义上的互联网金融信息披露监管主体包括政府金融监管部门和互联网金融行业自律组织等。以下互联网金融信息披露中的监管主体都简称为监管主体。

"信息披露监管"不是一个孤立的个体，是互联网金融市场相关主体综合彼此行为体系的映射而存在的，只有这四大主体都能较好地完成各自的义务而构建出互联网金融信息披露监管规则体系，才能使互联网金融信息披露监管良性化。目前我国互联网金融信息披露这四大主体都不健全、不到位，所以导致当前互联网金融平台倒闭、跑路等事件层出不穷，损害投资主体利益的现象比比皆是。

## （二）互联网金融信息披露监管面临的挑战

近几年，我国互联网金融快速发展，互联网金融将互联网技术与传统金融对资源的优化配置功能相融合，不断发挥着信息互通、资源共享、经济便利、普惠金融等优势，是传统金融的有益补充，但同时风险也急速积累。根据网贷之家数据，截至 2017 年 3 月底，P2P 网贷行业累计停业及问题平台达 3607 家，正常运营平台数量为 2281 家，淘汰率高达 61.26% 。即使在现实中存活下来的互联网金融平台，依然存在各种各样的问题。因对融资人的信用评级无统一标准导致借款人较高的违约风险，因资金托管在实践中操作难导致平台转移资金的风险，因未对利率进行严格限制导致高利贷的风险，因缺乏对资金来源的严格审查而导致洗钱的风险，因平台信息披露和退出机制的不完善导致不负责任的"跑路"事件发生，因对个人信息保护的不重视和缺乏对贷后资金用途的跟踪管理导致借款用途不当、非法集资和合同诈骗的风险，等等。❶ 互联网金融风险的缘由都可归结到是因信息披露不规范、不真实而暴露的诸多问题。

另外，我国目前的分业监管模式难以适应互联网金融的发展特点，传统的监管手段无法对其进行有效监管，因此随着互联网金融的快速发展，监管部门专门出台了一些政策文件和相关条例对其进行监管。2015 年国务院颁布了《关于积极推进"互联网＋"行动的指导意见》，该意见将"互联网＋"普惠金融列为重点行动之一。同年，央行等十部门联合印发《关于促进互联网金融健康发展的指导意见》，该意见首次明确了互联网金融的概念，落实了互联网金融不同业态模式的监管责任，确立了互联网支付、网络借贷、众筹融资、互联网基金、保险和信托等主要业态的监管职责分工，明确了业务边界。为更好地规范互联网金融的发展，监管部门在市场准入条件、风险管理、消费者权益保护和操作规范等各个方面进行规制，监管规制也会根据其业务发展进行不断调整。虽然监管措施日趋完善，但仍然存在一系列问题，国家出台的规定、办法并未改变传统的监管模式，因此面对互联网金融的创新性，互联网金融监管"一行三会"（2018 年 4 月以后为一行两会）的监管模式难免存在监管空白和重叠的现象，互联网金融行业还有很多需要规范的地方。

同时，通过对国内研究文献的回顾发现，针对互联网金融呈现出的各种问题，学术界也开始注重对互联网金融信息披露监管问题的研究。但在已有的文献中，仅有少数学术研究成果涉及互联网金融信息披露监管问题。对这些学术文献进行归纳分析后，发现学者主要从互联网金融信息披露主体、信用评级机构、投资主体、监管机构四个方面对互联网金融信息披露监管问题进行了研究。如李爱军（2015）提出平台披露内容不够规范、阐明不够具体，金融信息的评价机构知情

---

❶ 付祖珍. P2P 网贷法律风险控制研究［D］. 贵阳：贵州师范大学，2017：2.

权与隐私权的矛盾，信息披露的误导性和隐瞒性，信息是否合理、安全、真实很难验证。李玫、刘汗青（2015）提到互联网金融的信息披露监管应以监管部门的审核和检查为次，以平台主动披露信息为主，在披露内容上不只披露融资人的信息，还需披露资金的用途、股东人员的变更和物品的权属等，即信息披露应贯穿项目的整个流程。再有，对披露虚假信息的，必须追责并加大违约违规与违法所需惩罚金额。罗骏超（2016）指出互联网金融行业存在债务人披露虚假信息、平台隐藏一些真实信息以及监管部门不能及时披露违约违规与违法信息等问题。史小坤（2017）提到平台信息披露不充分、信息披露"避重就轻"等问题。赵沁乐（2017）提到现存互联网金融平台为迷惑、引诱投资主体，往往捏造虚假信息，进行不实披露，如虚假的投资项目和融资人、虚假的网站域名、谎称与正规的金融机构进行合作等。陈升苗（2017）认为互联网金融信息披露不够及时、全面，投资人很难从有限的信息披露中了解平台及融资方的真实情况。这些学者阐述的是关于互联网金融信息披露过程中信息披露主体的违约违规与违法等金融欺诈现象。

陈奇新（2014）提到我国目前信用征信体系不健全，现实中存在融资者或者互联网平台通过虚假信息欺骗投资主体投资的现象，所以P2P网络借贷平台所披露信息的真实性得不到保证。李侠（2014）提出互联网金融信用关系的缺失亟须引入第三方信用评级机构。确立其信用评级地位需具备的四个条件：评级责任、评级能力、评级历史、评级声誉。胡中彬（2015）指出缺乏独立的、权威的第三方评级机构以及无统一评级标准、评级方式、评级程序而定的评级结果引发其可信度争议。雷华顺（2015）提出要实现信息共享，就需打破"信息孤岛"，即众筹融资信息失灵的监管路径矫正应该是政府建立统一的信用信息平台向信息劣势者提供支持，同时加强对欺诈者和隐瞒者的惩罚措施。刘淑波、王嘉琦（2017）认为我国P2P征信体系不够完善、信息披露明显不足和法律责任不全面、缺少民事责任规定等问题。高觉民（2017）建议成立评级机构和确立行业评级标准。这些学者论证了我国的信用体系不完善、第三方评级机构的不规范和公信力不够，造成信用背书的虚假。这些学者论述的问题本质就是互联网金融信息披露中的信用中介主体增信失真问题。

谢平等（2015）指出互联网金融市场的投资主体是以投资经验不足和专业知识缺乏的一般投资主体为主，这些投资主体在投资过程中比较容易受到欺诈、误导等不公平的待遇。因此，建立和完善互联网金融监管规则应注重投资主体的保护。另外，在互联网金融市场整个金融交易过程中互联网平台具有信息上的天然优势，为保障投资主体的利益和互联网金融的健康发展，必须做好信息披露这项工作。王腊梅（2017）指出投资主体经常会受心理、生理、社会影响做出错误决策，对互联网金融信息披露的投资主体应设计保护制度。杨硕（2017）指出股权众筹法律问题研究的一个核心困境是投资主体的非理性决策行为，应将投资主体因非理性决策行为而造成的损失控制在一定范围之内。这些学者提出互联网金融投资主体因受心理、生理、社会影响做出错误决策，需建立投资主体保护制度，本质上就是投资主体理性决策及救济能力不足的问题。

李有星等（2014）认为在监管体系中，地方应该承担起监管主体的作用，同时要注意建立以信息披露为核心的监管规则。冯洪波（2014）提到我国"一行三会"的分业监管体制对第三方支付信息披露监管的不适应。秦康关（2016）提出我国对P2P监管中的信息披露可以从两个方面进行安排，即形成由金融监管部门审查和由行业协会统一信息披露标准的监管格局。陈轩昂（2016）指出监管主体的监管边界模糊、信息披露机制不完善等问题。杨菁（2017）认为分业监管体制与互联网金融多元化运作模式的不对称，对单一监管体制提出了挑战。这些学者提出监管主体的分业监管体制与互联网金融多元化特征的矛盾，本质上是关于我国互联网金融信息披露监管主体的权力分配问题，主要是金融机构的监管套利现象，中央与地方的监管权力职责分配不清及行业协会监管能力不足问题。

目前，我国对互联网金融信息披露的监管尚不够成熟，立法尚未给予足够明确可行的规定。互联网金融平台是近几年才在我国兴起的融资方式，因此，国内的研究较分散且不够深入。从前文所述的实践和学术研究上可以看出，互联网金融信息披露监管存在的问题就是信息披露监管过程中相关四大主体所面临的四大挑战。具体表现为：信息披露主体的规避问题，信用中介主体的增信失真问题，投资主体的理性决策和救济能力不足问题，监管主体监管权力分配问题。从规范互联网金融市场发展、保护投资者的角度来看，完善的信息披露监管规则是整个互联网金融市场健康发展的关键。有必要结合互联网金融市场的发展现状对互联网金融信息披露监管进行深入探讨。

### （三）理论研究薄弱

互联网金融不仅仅体现在互联网技术与传统金融的结合上，更多的是代表了互联网精神对传统金融的再造。互联网金融和传统金融两者在信息披露主体、对象和风险影响程度等方面均与传统金融有本质差异。因此，互联网金融信息披露监管无法完全适用传统金融信息披露监管理念、监管方法及监管工具，这就需要互联网金融独立的、适应其特性的信息披露监管规则。但我国互联网金融信息披露监管的理论研究还存在诸多薄弱地方。

#### 1. 理论研究滞后

我国互联网金融市场起步与国外相比较晚，国内学者的研究较多集中在互联网金融行业的风险控制、业务运营模式、监管对策等方面，而对互联网金融行业信息披露标准的数据方面的研究很少。在学术价值上，目前为止我国未建立互联网金融信息披露相关的法律、法规，导致在处理现实中的互联网金融信息披露问题时缺乏统一的规则标准、法律规范。而如果简单沿用传统金融市场的法律监管规则和规则框架去应对互联网金融市场上的新现象，不仅无法对社会现实提出有说服力的解释，还可能阻碍互联网金融这一新兴产业的发展。目前对互联网金融信息披露监管的研究主要体现在宏观思路上。袁康（2014）认为股权众筹融资信息披露的关键任务应让投资主体明确知道该项目众筹的具体事项及投资意义，通过及时披露经营信息，让投资主体清楚有关信息。❶ 王瑾从会计学角度对信息披露问题进行研究，

❶ 袁康. 资本形成、投资者保护与股权众筹的制度供给——论我国股权众筹相关制度设计的路径 [J]. 证券市场导报，2014（12）：4-11.

以众筹融资项目的生命周期为逻辑顺序，以融资利益相关者的权责制衡关系为基础，对信息披露的框架进行了初步的设计，但该项研究仍然较为宏观，且侧重于会计方面的信息披露，缺乏对其他规则的审视。● 杨尊霞通过研究国内现有部分网站的信息披露规则，以及英美两国的相关经验，提出关于完善股权众筹信息披露制度的建议。● 傅穹和杨硕以信息披露为切入点研究了股权众筹投资者保护的路径，他们建议监管思路可以通过弱化高标准信息披露来实现保护投资者的目标。● 此外，其他学者在关于互联网金融的研究中也有涉及信息披露的讨论，但概括性的探讨较多，细化的研究较缺乏。尤其对信息披露的具体监管规制框架还没有学者详细地研究和涉及。总的来说，我国当前在理论界对互联网金融信息披露的规范研究还是较少。

2. 研究缺乏深度

近几年我国互联网金融野蛮生长以及问题平台的频繁出现，使互联网金融成为显示度较高的社会热点话题。学术界关于互联网金融信息披露研究主要围绕互联网金融市场应该建立信息披露监管规则和机制、建立统一的标准及规则，以及法律的缺失等方面进行讨论。而对互联网金融信息披露的监管规则构建及如何有效监管等问题的研究有所欠缺。实践中缺乏针对尊重互联网本身特征和规律的信息披露监管规则的建设。互联网金融在信息披露的主体、对象和风险影响程度等方面均与传统金融有较大差异，互联网金融的信息披露监管规则应尊重互联网本身的特征和规律，并努力探索一条具有适应性的路径。

3. 研究视野狭窄

我国学者对互联网金融信息披露已经有了初步的研究和探讨，但展现出来的研究结果都是零星的未形成系统的思路。实务界、理论界部分学者的研究集中在互联网金融信息披露的必要性和规范性上，但对如何进行规范的具体措施研究较少。一些专家、学者对互联网金融

● 王瑾. 股权众筹融资信息披露的问题研究 [D]. 青岛：中国海洋大学, 2015.
● 杨尊霞. 股权众筹信息披露制度研究 [J]. 法制博览, 2015 (2)：190 – 191.
● 傅穹，杨硕. 股权众筹信息披露制度悖论下的投资者保护路径构建 [J]. 社会科学研究, 2016 (2)：77 – 83.

信息披露内容、标准及方式展开思考。但针对互联网金融信息披露监管规则的建设、健全信息披露内容与形式、选择信息披露等级监管规则作为信息披露模式、完善信息披露不实的责任、建立持续信息披露监管规则、通过监管规则设计保障投资主体沟通交流信息，等等，都未具体研究。

（四）实践应对乏力

法的滞后性体现在对一个新生事物的规制往往滞后于该事物的发展速度。互联网金融市场的信息披露政策和规则监管也是如此。目前，国内监管部门对于互联网金融市场的态度从一开始的放开、鼓励转变为冷静、谨慎，这一转变不仅反映出监管的趋严形势，还可以看到市场不断优胜劣汰的趋势。但随着互联网金融的快速发展，传统的分业监管模式难以实现规范发展的监管目标。对互联网金融信息披露的监管作为互联网金融市场发展的重要因素，理应在不断细化的监管态势下得到规则指引，如此方能实现市场的稳健发展。

目前，我国互联网金融信息披露存在诸多问题。虽然国家和地方出台了相关规范性文件，也涉及相关监管规则，但缺少详细、具体、可操作性规定。监管机构吸取了国外的经验和教训，在对互联网金融进行强监管的同时，为保护投资主体的权益，也开始出台有关互联网金融行业的信息披露文件。2015 年中国人民银行等十部门共同发布了《关于促进互联网金融健康发展的指导意见》，该意见强调股权众筹融资方需真实披露平台相关信息，如资金用途、项目的经营管理、商业运营模式等。2016 年 8 月银监会出台《网络借贷信息中介机构业务活动管理暂行办法》，该办法规定了借款人和平台的信息披露业务，并分别提出了不同要求，尤其强调动态披露，保证披露的信息真实、完整、及时、准确。2017 年 8 月银监会印发《网络借贷信息中介机构业务活动信息披露指引》《信息披露内容说明》，为网络借贷业务活动的各当事方信息披露提供规范标准和依据。《互联网金融信息披露个体网络借贷》（T/NIFA 1—2017）团体标准在 2017 年 10 月发布。然而，比照国外发布的一系列互联网金融信息披露要求，我国无论是股权众筹还是网络借贷方面有关信息披露规范的文件规定，均过于粗略、简单。特别是股权众筹的信息披露规定只从原则上进行了泛泛的规定，比如对融资者、金融交易结构、信用增级对策等方面。在上述规范中互联网金融市场的信息披露因操作标准的缺失在行为表现上迥然各异，众筹投资者被动承受归因于信息披露所处的劣势而难以凭一己之力识别出信息的真伪。因此，这种对信息披露规定缺乏明确具体的操作标准，导致实务界中的信息披露大相径庭，使投资主体无法确定真实信息。在互联网金融业务不断迅速扩展的大背景下，尽快研究并进行互联网金融信息披露监管规则体系的建设，重要且迫在眉睫。❶

## 二、互联网金融信息披露监管规则研究综述

对已有国内外互联网金融信息披露监管规则的文献梳理是论文写作的研究起点。文献研究有其重要的意义。第一，从方法论这个角度来说，对域外的客观情况进行总结及比较并借鉴其先进经验、对相关理论和观点进行研读和分析、运用新的理论分析和破解现存的互联网金融信息披露监管症结，都会为互联网金融信息披露监管规则问题的研究提供有益的参考。第二，从认识论这个角度来说，通过对国内的数据和发展趋势进行研究并总结，将为我国互联网金融信息披露监管研究的路径选择提供参考的方向。

对互联网金融信息披露的研究水平与各国互联网经济的发展水平紧密相关，一般来说，互联网经济发展水平较高的国家，也是当前互联网较为普及的国家，这些国家互联网信息披露研究较为全面，反之则研究较少。总的来说，因为有些国家较为成熟的法制传统、市场法制环境和市场参与者较高的法律意识，同时这些国家对互联网市场竞争的法律监管机制相对比较完善，致使互联网金融信息披露的违约违规与违法行为较少发生，故互联网金融信息披露的问题相对没有我国那么严重，我国这方面的研究也相对较少。本书关于互联网金融信息披露监管规则体系的构建是根据主体不同进行的设计，故我国互联网

---

❶ 贺锐骁．我国企业资产证券化信息披露制度建设的现状及完善建议［M］//金融法苑．第 95 辑．北京：中国金融出版社，2017：58.

金融信息披露监管规则构建的文献梳理主要有信息披露主体监管规则研究、信用中介主体监管规则研究、投资主体监管规则研究、信息披露监管主体监管规则研究四个方面。

## （一）信息披露主体监管规则研究

王会娟、廖理（2014）提出对P2P网络借贷平台进行信用认证时，要求融资者必须按时偿还本金和利息的同时，还应要求融资者提供教育程度、家庭婚姻、经济现状等信息。袁康（2014）指出股权众筹的核心任务是对平台运营、资金用途、项目状况等信息进行披露，让投资主体清楚投资的价值和风险。涂永前（2014）指出互联网平台在信息披露方面应披露平台自身经营运作情况、资金的用途，同时向投资主体告知此项投资可能存在的风险有哪些等信息，另外互联网平台的经营运作要通过第三方审计机构的审核和检查。雷华顺（2015）提出在对众筹融资的信息失灵监管方面，解决的路径可以在强制性方面增加分级披露及适当披露，加强信息优势方对信息的充分披露。刘明（2015）提出股权众筹平台对信息披露义务应以形式审查为主，尽到审查义务。何欣奕（2015）指出要建立行业监管及信息披露监管规则，要确立股权众筹平台注册登记监管规则及行业监管机制。樊云慧（2015）提到股权众筹平台的信息披露义务。对融资人的信息进行审核及检查，提醒投资主体要有风险意识和签署风险认知书。若投资主体的损失是因平台引起的，平台应承担过错责任。王腊梅（2015）认为信息质量的好坏将直接决定P2P网络借贷的成败。因此，我国必须建立P2P网络借贷平台的信息披露监管规则。在构建信息披露监管规则时，应以厘清市场与政府的关系为基础，以加强投资主体保护为重要原则，实行强制信息披露与自愿信息披露并举，建立和完善以反欺诈为核心的信息披露责任追究机制。袁海华（2016）指出互联网平台对中小企业融资难的问题起到了缓解作用，但互联网平台应向相关部门报送相关资料进行审批，并做好及时、充分的信息披露工作。韩民、郑庆寰（2016）对互联网平台的交易数据进行记录和分析后发现，融资者的信息越全面、越真实，实现融资的概率就越大，相对应的利率也会越低。因此，互联网平台融资者的个人信用情况越详细和准确，越能促进其交易的成功。当然，互联网平台对融资者的信息应审核其真实性，从而降低融资者进行不良操作的概率。李友星、金幼芳（2016）指出要重视互联网平台的信息披露义务，这是解决股权众筹融资信息不对称的监管路径，同时要创新性地对中介机构的信息披露义务进行构建。姜林静（2016）指出平台的披露义务是披露影响借贷双方交易的信息。平台（借贷逾期率、借贷坏账率、交易金额等）和融资者（项目风险与揭示、融资项目基本信息、融资者信用状况等）信息在官方进行强制和自愿披露，并进行定时公告。刘倩云（2016）认为与传统金融相比，互联网金融对信息数量和质量的要求更高。由于规制信息不对称，建立互联网金融信息披露监管规则具有重要意义。从本质上讲，信息不对称理论是个体网络借贷平台（P2P网络借贷平台）信息披露监管规则的理论基础。当前我国有必要根据我国个体网络借贷平台行业的发展现状，对个体网络借贷平台信息披露进行研究并顶层设计，构建符合投资者利益和行业健康发展方向的信息披露监管规则。袁敏（2016）提出股权众筹平台信息披露的细则。武玉胜（2016）提出借鉴我国金融市场的信息披露监管规则，摈弃传统的"家长式"保护主义的监管理念，建立以"信息披露为核心"的监管理念，投资主体在充分掌握信息披露的基础上，进行投资风险和价值的准确评估，做出合乎理性和现实的选择。在实现这一监管理念转型的基础上，真正实现"买者自负"的金融市场准则。

Avery（2004）等人指出，融资者的收入信息、债务信息和融资者的财产信息都是反映融资者还款能力的重要指标，这些对融资者的信用等级的评估也是重要信息。Herzenstein（2008）等人对 Prosper 公司交易数据进行研究，把融资者的房产、车产和收入等经济信息作为融资者需提交的关键信息——"硬信息"。Lin（2013）指出，在借贷双方中客观传播的信息如年龄、性别、婚姻状况、教育程度、信用等级、借款利率、借款周期等此类信息，学者将其归纳为"硬信息"。Bricen、Ortega、Bell（2008）的研究指出，融资者的信息披露越详细，投资主体进行投资的可能性越大。Linetal（2009）认为，融资者所能提供的经济信息且能被证实是"硬信息"，对投资主体做出合理决策有重大作用。随后 Linetal（2009）研究得出融资者的融资成功率跟其信用等级有必然的联系。信用等级越高者，达到融资的可能性就越大。Iyer（2009）等人研究得出，融资者违约率需优先考虑其负债比和借款利率的变化。Pope、Sydnor（2011）研究发现融资者的肤色对其交易的达成会产生影响。Herzenstein 等（2011）研究发现，融资者所披露的经济状况、精神面貌、主要成就和信用历史也是投资主体作为投资的重要参考因素，这些信息能帮助投资主体更详细地了解融资者，促成交易的成功率。Duarte（2012）等人最新研究发现，融资者的头像照片的个人信息也是投资主体进行投资决策所依据的信息，投资主体更愿意投资相貌端正或容貌较好的融资者。Ravina（2012）研究还进一步发现，融资者的人种、性别、年龄和体重等对最终的交易成功也有重要影响。Gao 和 Lin（2013）研究得出融资者在借款标的上所填写的描述性信息可以通过计算机的文字数据进行挖掘，总结出融资者的借款动机、心理情绪及表达能力等信息。在实现监管理念转型的基础上，真正实现"买者自负"的金融市场准则。Freedman 和 Jin（2011）、Puro（2010）从社会资本、财务状况、风险率、收益率等方面出发，将借贷双方的信息分为"硬信息"和"软信息"两大类进行研究。可见，学者认为信息披露主体披露的信息应包含"硬信息"和"软信息"，并且"软信息"的详细披露，有助于双方交易的达成，同时在配套制度上需建立信息披露主体违约违规与违法行为相应的责任制度及救济制度，以提高金融欺诈成本。

**（二）信息披露信用中介主体监管规则研究**

谈李荣（2004）指出金融市场信息披露的监管应从全国性的信用体系入手，提高金融市场的信息透明度，减少信息的不对称现象。李悦雷等（2013）用拍拍贷数据研究得出信用等级、借款人年龄和居住地址等对借款成功率有显著影响。孙武军等（2015）认为融资者异质性存在产生信息不对称，引发低信用等级的易混入高信用等级，为减少违约风险，对融资者需区别对待。孙同阳、谢朝阳（2015）基于决策树的方法构建了网贷信用评级模型。何飞、张兵（2015）认为我国P2P 平台基本是本息担保模式，如此就增加了网贷风险，提出政府应出台相应政策、规范行业秩序。对投资者而言，应提高专业学习降低投资风险；对借款者而言，需建立健全社会征信体系。裴平、郭永济（2015）建立了基于贝叶斯网络借款人信用评价模型。沈霞（2017）选取了 9 项定量指标与 15 项定性指标建立了两级指标体系，利用因子分析法确定定量指标权重和专家打分法确定定性评分，构建了定量和定性指标相结合的 P2P 网贷平台信用风险评级体系，分别赋予定量指标 0.6 的权重、定性指标 0.4 的权重，最后得出总分。刘芸、朱瑞博（2014）提出，认为大多融资者存在道德风险问题，加大征信体系的完善和健全互联网金融法律法规制度框架，有利于防范互联网金融风险问题。林晖等（2015）认为 P2P 模式下信用评级和资产证券化过程中存在逆向选择问题，针对这个问题提出引入信用评估机构，建立征信体系和信息共享机制，强化对资产证券化操作模式的监管等政策建议。孙柔嘉（2016）指出 P2P 行业要重视信息披露监管体系的建立，尽快出台有关互联网平台信息披露的法律法规，为提高互联网平台信息披露的质量需推进全国征信体系的完善和信用信息共享机制的建立，以及通过建立公信力的第三方评级机构改进互联网平台的声誉机制，从而使互联网平台的信息披露走向规范化，起到保护投资主体的作用。张竞博（2017）认为我国目前征信体制尚不健全，征信机构数量较多，建议我国效仿国外做法，加强征信机构之间的合作，建立统一的社会征信体系。彭惠（2017）把 P2P 平台分类为平台型和中介型，结合 GIRAFE 信用评级体系，建立 P2P 平台的信用评级体系，分别建立了中介型、平台型共同需要考虑的指标，以及中介型单独需要考虑的指标，构建信用评级体系。高觉民（2017）建议成立评级机构和确立行业评级标准。楼裕胜（2018）指出信用评级对 P2P 网络借贷行业发展的意义重大。通过信用评级认证了 P2P 网络平台的信用"身份证"，增加了 P2P 网络借贷平台的无形资产，改进了 P2P 网络借贷平台经营管理。Rainer（2012）认为平台的信用评级极其重要。EmekterFetFal F（2015）建议出借者最好是只借给拥有最高 LC 评级的最安全的借款者。M FMalekipirbazari、V FAksakalliF（2015）把 P2P 借贷看作是社会借贷，并指出与传统的借贷相比，社会借贷有着不同的动态机制，认为运用随机森林法对风险进行分类优于信用分类（FICO Score）和 Lending Fdub 评级（LCF grade）。国内外学者对互联网金融市场的信用缺失问题都一致认为应建立独立、权威的第三方评级机构，以及确定评级方式、评级标准、评级程序的统一性，完善征信体系建设。

### （三）信息披露投资主体监管规则研究

李华（2017）认为确立合格投资者规则是对投资者进行保护的机制，对于股权众筹投资应适当降低个人合格投资者的限定标准。古方仪（2017）用博弈和仿真的方式揭示中国互联网金融中存在羊群效应。李晓鑫与曹红辉（2016）基于贝叶斯理论阐述了投资者羊群效应的形成及影响。傅穹（2016）提出对投资者制定投资上限并跟进信息披露规则。杨东（2015）提出我国互联网金融投资主体可分为成熟投资主体和非成熟投资主体。成熟投资主体的投资单个金额不少于 100 万元人民币，包括企业法人、自然人和一些其他的投资组织。对于那些高资产净值投资机构的投资主体或专业投资主体也属于成熟投资主体，鼓励他们以套利的交易形式挤出那些噪音投资者。非成熟投资主体所投的项目一般为两个以下的投资主体，并且投资金额不应超过其不包含房产、车产、养老保险金的净资产的特定额度。同时对单一融资方累计 12 个月内的投资上限也受限制。对非成熟投资主体的投资额问题，因我国居民的收入类型比较丰富，故投资限额可以设置较宽的间距。可以建立以净资产和年收入作为基础，对投资损益的记录进行复合分类的标准。如美国的《JOBS 法案》中若投资主体净资产和年收入只要某一项达到或超出 10 万美元，那么投资限额就是该年净资产和年收入的 10%。若投资主体净资产和年收入还未达到 10 万美元，则投资限额是净资产和年收入的 5% 或 2000 美元。英国的《众筹监管规则》未规定成熟投资主体的限额，但规定投资两个以下众筹项目的非成熟投资主体，他们的投资限额是应低于不包括常住房产、车产和养老保险等的净资产和年收入的 10%。❶ 武玉胜（2016）提出借

---

❶ 杨东．互联网金融风险规制路径［J］．中国法学，2015（3）：85－86.

鉴我国金融市场的信息披露监管规则，摈弃传统的"家长式"保护主义的监管理念，建立起以"信息披露为核心"的监管理念，投资主体在充分掌握信息披露的基础上，进行投资风险和价值的准确评估，做出合乎理性和现实的选择。在实现这一监管理念转型的基础上，真正实现"买者自负"的金融市场准则。武长海（2016）认为在互联网视角下构建开放型体系应当匹配新的信息披露制度、教育制度和投资者顾问制度。闫夏秋（2016）倡导制定合格投资者准入制度的立法原则应是效率优先兼顾安全，采取差异化准入制度实现规则的权衡。陈森（2015）在参考西方国家关于股权众筹的立法和实践经验的基础上，认为中国式股权众筹在具体规则上需侧重对合格投资者进行判断与评估。裘鹏程、公庆（2014）提出我国股权众筹平台的监管应当借鉴国外监管规则的精华，使建立的监管具有合理性和科学性。一方面，要明确投资主体的合格标准和其投资限额的规定；另一方面，要注重股权众筹平台的法律规定和监管规则构建的定性思考。[1]

国外互联网金融市场发展比较早，有比较完善的信息披露法律法规，研究所需数据较容易获得，数据比较丰富，主要以实证研究为主。这些实证研究从信息不对称视角和投资主体非理性视角进行验证和研究，对现有的金融理论进行检验。Emingwaym（2014）指出对于投资主体所面临的风险，投资主体之间可以建立一个沟通平台，这个平台的主要任务是起到促使投资主体间相互交流信息、沟通自身经验等作用，从而达到加强对披露主体的监管。Freedman、Jin（2008）提出互联网金融的投资主体见不到借款人，同时也很难去当面索要借款，因此，信息不对称比传统金融市场更加严重。投资主体要识别融资者的信息特别是信用特征可以通过各种"硬信息"和"软信息"加以分析。Iyeretal（2009）研究发现若通过平台的设计使借款人（融资者）之间能够形成一个"朋友圈"，投资主体利用分析融资者在"朋友圈"中朋友的数量、品质、朋友间的关系等数据判断其信用状

---

[1] 裘鹏程，公庆. 美国众筹监管立法研究及其对我国的启示 [J]. 金融监管研究，2014（11）：56.

况。其实，在 P2P 借贷平台上融资者一般会通过一些文字描述自己的生活基本情况和借款的原因等信息，这也是投资主体了解融资者的一个途径。Herzenstein 等（2011）提出融资者在借款平台上详细描述自己的学历程度、主要成就、经济窘境、宗教信仰及道德品质等信息，获得融资的可能性更大。Gao、Lin（2014）通过计算机文字数据挖掘方法，分析上述文本描述中透露出的可靠性、情绪、主观性和欺骗线索，从而预测借款人的还款概率。作者将其和事后的还款状况进行对比研究，发现文本信息中的确透露出关于借款人属性的重要信息。新兴的 P2P 市场上的投资主体非理性行为逐步得到关注。Duarte 等（2014）通过运用 P2P 平台 Prosper 的数据分析发现投资主体的互联网金融市场的投资回报率是负的，这就证明了投资主体对融资者的还款概率是高估的。而运用同样的数据发现投资主体仅仅通过融资者所上传的头像判断融资者的"可信度"，并以此做出投资决定。Pope 和 Sydnor（2011）、Ravina（2012）的研究指出 P2P 市场上投资主体还会以融资者的性别、年龄、人种和体重尤其是容貌等特征信息来决定投资与否，从而出现影响投资主体的期望回报等非理性现象。Lin、Viswanathan（2014）的研究发现投资主体存在"家乡偏见"（Home bias）。理论上认为投资主体不可能会有此偏见，因家乡的融资者不会在交易成本、信息和执行能力上存在优势，也不会增加期望收益。数据研究证明投资主体确确实实存在家乡偏见，这种偏见的存在与投资主体的情绪有关，从而也说明投资主体投资行为的非理性现象。Ben Cheikh A、A Bdellatif、Amara M（2015）认为靠互联网平台进行集资的股权众筹，因投资主体专业知识的缺乏，使投融资双方信息严重不对称，投资主体很难做出理性的投资决策，有被欺诈的可能。拉菲·拉波塔等人（2009）提出"投资主体的权益受到保护，不会被剥夺，他们就愿意付出更多，这对平台经营者来说，成为一种具有吸引力的方法。"互联网金融以个人、分散的投资主体为主，信息的获取及分析都需付出更高的成本，所以互联网金融投资主体"搭便车"现象的存在有其客观原因。可见互联网金融信息披露中投资主体合理的注意义务、知悉和阅读信息以及注意投资主体合格标准和投资限额的设置，使投资主体能做出合乎市场的价值判断与投资决策的理性选择。

### （四）信息披露监管主体监管规则研究

陈敏轩（2013）认为美国不论是互联网金融的发展还是行业的监管体系的发展都比较成熟。可以学习借鉴其先进的经验，加强监管的体系性和系统性，辅之以行业自律监管。李有星等（2014）认为在监管体系中，地方应该承担起监管主体的作用，同时要注意建立以信息披露为核心的监管规则。施铁（2015）提出对于目前股权众筹融资平台需建立投后管理信息传递机制，原因是目前股权众筹融资信息披露所忽略的是投后信息管理问题，需要增强其管理水平。杨东、刘磊（2015）认为股权众筹融资平台产生的法律风险可以以美国《JOBS 法案》为镜鉴，赋予其在法律中的合法地位，设置保护投资主体的监管规则，对融资者和平台的信息披露做出合理专门的规定。秦康关（2016）提出我国对 P2P 监管中的信息披露可以从两个方面进行安排，金融监管部门审查和由行业协会统一信息披露标准的监管格局。陈轩昂（2016）指出监管主体的监管边界模糊、信息披露机制不完善等问题。杨菁（2017）分业监管体制与互联网金融多元化运作模式的不对称，对单一监管体制提出了挑战，应建立混合监管体制。学者们认为监管主体的分业监管体制与互联网金融多元化特征间存在矛盾。其实这个问题的本质是互联网金融信息披露监管主体的权力分配问题，金融机构存在的监管套利现象，中央与地方的监管权力职责分配不清及行业协会监管能力不足等问题。另外，综上所述大部分学者主张互联网金融信息披露监管应实现政府监管与行业自律组织共同监管，并建立不同部门间的创新监管协调机制的路径。

## 三、研究意义

### （一）理论意义

信息披露是互联网金融监管的核心问题。因此，研究互联网金融信息披露监管规则构建的过程，就是发现和分析互联网金融信息披露监管的诸多问题，为互联网金融市场的繁荣发展提供有意义的建议。本书从互联网金融信息披露监管相关主体所面临的核心问题，进行分门别类的研究，从而构建我国互联网金融信息披露监管规则体系。

如何解决互联网金融信息披露中信息披露主体规避问题，投资主体理性决策和救济能力不足问题，信用中介主体增信失真问题，监管主体信息监管格局权力分配问题。本书将在借鉴国外经验及比较研究传统金融与互联网金融差异性上进行全面的梳理和分析。

信息披露主体规避问题。运用成本效益理论，信息披露主体的信息披露动机是满足法律合规性与自身效益的最大化，故需降低信息披露主体的披露成本和提高披露主体违约违规与违法成本。具体的构建路径是通过优化互联网金融信息披露结构达到降低披露主体的披露成本，通过建立信息披露违规退市专项机制和违规诉讼机制、强化执法绩效等措施提高披露主体的违约违规与违法成本，从而抑制互联网金融信息披露主体的金融欺诈现象。

信用中介主体增信失真问题。这是我国金融监管比较薄弱的地方，反映在互联网金融信息披露领域内主要是指我国第三方评级机构缺乏公信力、缺乏评级标准、征信体系不完善等问题。第三方评级机构的信用评级对信息披露主体起到信用"身份证"的作用，对信息披露主体可起到获客效应。本书引入网络外部性理论分析信用中介主体的"信用增级"失真问题，提出建立信息披露信用评级标准、建立信息披露评级机制、建立权威合格的第三方信用评级机制等有效措施。

投资主体理性决策和救济能力不足问题。解决该问题一直都是各国金融信息披露监管层面所努力的方向。因为我国互联网金融市场的投资主体是缺乏经验和专业知识的一般投资主体，所以非理性障碍更为突出。同时互联网金融信息披露的丰富性、迅捷性和披露方式的网络化使投资主体的非理性投资决策程度进一步严重，因此，投资主体在信息处理方面的能力堪忧。投资主体信息披露监管规则必须考虑如何提高投资主体的信息决策和救济能力。本书引入行为经济学理论分析投资主体决策分析能力的不足和偏差，提出投资主体按照投资金额等级来划分投资级别，信息披露设计符合投资主体心理和行为习惯，制定投资主体的冷静期。通过完善投资主体的民事救济制度和投资教育来保障投资主体的风险与利益制衡。

信息披露监管主体方面。如今，我国形成了从最初央行监管整个金融业到目前"一行三会"❶的金融分业监管格局，这就出现了互联网金融业务的跨界性经营与分业监管体制之间的矛盾，互联网金融跨区域、跨行业特征，分业监管体制难以合理、有效地进行监管，出现各监管部门有利就抢、有害都躲的局面。本书通过金融监管竞争理论的分析，提出构建互联网金融信息披露监管差序格局体系，强化地方金融监管部门属地风险预警和处置责任，实行政府监管与行业自律组织共同监管、互联网金融协会信息披露监管流程预设等有效的应对措施。

（二）现实意义

发达国家金融发展的经验告诉我们，金融业的健康发展有赖于两个基础性条件：一是金融机构的必要信息披露，二是金融消费者教育。如果缺少了这两个基础性条件，或者在这两个基础性条件的建设上出现问题，那么金融业制度设计必定存在缺陷，金融业的发展必然蕴藏着风险。随着互联网金融产品日趋复杂和变化多端、金融界限的模糊化，越来越多的个人投资者、金融消费者参与交易，互联网金融机构的信息披露已经显得越来越重要。在我国金融业的发展过程中，信息披露始终是一个无法逾越的鸿沟。通过对互联网金融的专项整治，互联网金融机构的强制信息披露仍然没有提到应有的高度。国务院《互联网金融风险专项整治工作实施方案》对整个专项整治工作的目标原则、整治重点、分工要求、整治措施以及监管方式等都做了具体规定，但是在信息披露方面，方案只对股权众筹提到了信息披露义务，对其他互联网金融产品和业务模式均未要求信息披露。也就是说，尽管国家对互联网金融进行强力整治，但迄今为止，互联网金融机构的信息披露问题却未列入议事日程。

---

❶ 2018 年 4 月，《深化党和国家机构改革方案》第三十七条明确指出，银监会和保监会合并，组建银保监会。

记得 2017 年年初，全国人大财经委副主任委员吴晓灵在一个会上说过："金融启蒙非常重要。"她说，"金融科技（互联网金融）是'双刃剑'，用好了会促进金融发展，用歪了社会损失更大，用互联网技术包装的非法活动更具欺骗性，涉及面和金额更大。"我们看到互联网金融在中国兴起的过程中，伴随很多欺诈行为。换句话说，如果不搞好互联网金融信息披露，像"e 租宝"案、泛亚集团案和中晋集团案等融资骗局还会重新出现。互联网金融信息披露监管的重要意义可归纳为以下三个方面。

1. 互联网金融信息披露监管是互联金融健康发展的内在要求

互联网金融是以金融理论和网络经济规律为指导，利用搜索引擎、云计算等互联网通信技术工具，使传统金融未能普及的中小投资主体获得投融资渠道，具有有效降低交易成本和信息不对称的优势，具有普惠金融的特点。[1] 但以公众熟知的 P2P 为例，据网贷之家提供的数据，在 2017 年 1 月新增的问题平台有 8 个，跑路的有 7 个，停业的有 34 个，出现提现困难的有 23 个。从"e 租宝"事件到不断频繁出现的互联网借贷平台跑路事件，可见互联网金融的平台风险问题尤为严重。究其原因，是因为有些不良机构钻政策的空子打擦边球，不符合实际地宣传本机构产品及虚假的利益回报率等，另外更有一些居心叵测者利用互联网金融的外衣包装其违规违规与违法行为，进行非法集资。上述违约违规与违法行为使互联网金融成为"跑路、圈钱"的代名词，从而出现"劣币驱逐良币"的现象。

互联网金融是新一轮产业革命和信息化技术革命的新兴产物。与传统金融相比，互联网金融具有透明度更强、交易成本更低、资源分布更广，以及协作性更强等一系列优势。在我国经济新常态和供给侧改革的大背景下，互联网金融在我国金融行业未来的发展中将起到举足轻重的作用。因此，如果互联网金融监管不到位或监管失误，那么很可能会产生系统性风险，这对我国将会产生不可估量的损失。如果我国的监管政策处理和管控得当，互联网金融将推动我国经济转型、

---

[1] 罗明雄，唐颖，刘勇. 互联网金融［M］. 北京：中国财政经济出版社，2013：93.

产业升级，成为转型、升级的有效助力。

2. 互联网金融信息披露监管规则的完善是实现普惠金融的重要一环

互联网金融与传统金融相比有一个显著的优势是其具有普惠性。它使传统金融机构很难服务到的一些个人和中小平台获得投融资渠道，同时使交易更加方便。当然，在我们享受互联网金融带给我们便利的同时，互联网金融在其发展过程中也不可避免地会出现各种各样的困境。如我们熟悉的投资平台"e租宝"，非法集资500多亿元，受害人遍布全国，影响范围之广、涉及金额之大前所未有。还有其他大大小小的平台出现的集资诈骗、跑路等金融欺诈行为。平台经营不善出现的暂停服务或平台倒闭现象比比皆是，使投资主体遭受巨大损失。现在的互联网金融似乎成为诈骗的代名词，大家对这一新兴行业提心吊胆、望而却步。如此就会影响互联网金融的长远发展及正面效应的发挥，从国外的实证研究证明，完善的互联网金融信息披露监管是保证其健康发展的重要一环，对解决上述问题具有十分重要的意义。❶

3. 互联网金融信息披露监管规则的完善增强投资主体的信心

金融市场的运转过程实际上就是信息不断传递和处理的过程，是一个信息市场。因此，只有当市场上的信息是真实、公平、及时的，市场中的相关主体才会最有效地参与市场，发挥本身角色的作用，使资源配置更加合理化。互联网金融市场本身也是一个信息市场。因此，互联网金融发展的灵魂是信息披露。但良好的信息披露鲜少存在，反之，信息不对称和信息不完全等现象却是常态。其实，信息披露本身就其对平台自身而言是有利的。具有充分的、真实的、及时的高质量信息披露，一方面对平台的管理层及代理人的行为可起到约束作用，有助于对平台内部困境的控制，阻止道德风险的发生；另一方面，帮助平台的股东在了解平台真实运营的状况下，做出正确的决策。这是从平台治理的微观角度分析信息披露的作用。若从宏观角度来看，充分、真实的信息披露，可以促成有效的价格机制及市场资源

---

❶ 刘越，徐超，于品显. 互联网金融：缘起、风险及其监管［J］. 社会科学研究，2014（3）：28.

的合理配置。与此同时，一个信息披露监管规则不完善的市场，会使市场的投资主体对其失去信心。信用是保障互联网金融市场健康有序长期稳定发展的前提。缺乏信用的互联网金融市场，公众将对其失去信心，从而将停滞不前，并很可能会造成系统性风险，使国家经济遭受损失。目前我国互联网金融市场有关信息披露的规范依据主要有《网络信贷信息中介机构业务活动信息披露指引》《网络借贷信息中介机构业务活动管理暂行办法》《互联网金融信息披露个体网络借贷》（T/NIFA 1—2017）团体标准和《互联网金融信息披露互联网消费金融》（T/NIFA 2—2017）团体标准，以及其他格式指引和规则文件。

现在的社会资讯非常发达，信息来源渠道也是遍地开花。由于互联网金融产品的复杂及多样性，当小概率事件发生时，若未及时应对和处理得当，很容易引发投资主体的巨大损失，导致投资主体对互联网金融市场失去信任，使整个市场震荡。[1] 我国从形式上看，已经开始建立一套多层次的金融信息披露监管规则体系，包括法律法规、部门规章及自律规则等在内的相关规定。但我国金融市场起步较晚，体制也比较落后，因此，互联网金融市场信息披露的透明度、完整度等都有待提高。当融资人的重要信息充分、真实、及时、准确地披露给投资主体时，所谓的投资选择权才真正回归到投资主体本身，从而实现有效的价格机制和资源的合理优化配置。

## 四、本书的创新与不足和研究方法

### （一）创新与不足

本书的创新之处主要体现在以下五个方面。

①研究角度的创新。本书从互联网金融信息披露监管生态链相关主体的角度切入，对披露主体信息披露规避问题、信用中介主体增信失真问题、投资主体理性决策和救济能力不足问题、信息披露监管主体多头监管问题的四大方面分门别类地进行分析和破解，以尝试构建我国互联网金融信息披露监管规则体系。这一视角在互联网金融信息

---

[1] 张海洋. 信息披露监管与 P2P 借贷运营模式［J］. 经济学（季刊），2017（1）：380.

披露监管研究中极为少见。

②研究理论的创新。一是本书引入网络外部性理论解释第三方评级机构对信息披露主体有获客（客指投资主体）能力的逻辑，对信用中介主体的增信失真问题进行研究分析，从而构建可靠、真实、准确信用报告的信用中介主体信息披露监管规则逻辑得以形成。二是对信息披露监管主体的多头监管问题，引入金融监管竞争理论分析我国分业监管体制存在的恶性竞争现象，并且运用金融监管竞争理论构建一个互联网金融信息披露监管机构相互协调、制衡的差序监管权力架构。

③研究结论的创新。一是信息披露主体的规避问题。通过运用成本效益理论分析得出，互联网金融信息披露的内容结构设计优化的要求是要按比例分配、简化和规范格式等。建立违规退市机制、建立违规诉讼机制和提高金融欺诈违法成本，以遏制信息披露主体的规避行为。二是信用中介主体的增信失真问题。通过引入网络外部性理论解释并分析得出第三方评级机构具有增加信息披露主体的获客能力。

④引入行为经济学来解释投资主体非理性行为及希望政府"兜底"的救济能力不足的逻辑形成。

⑤在信息披露监管主体权力分配方面，引入金融监管竞争理论来调整监管机构与互联网金融协会的监管权力分配问题，构建互联网金融信息披露监管差序竞争格局，明确不同层次监管机构的职责和权力需求，从而对互联网金融信息披露进行自下而上的差序监管。

从主体的角度切入进行分门别类的研究互联网金融信息披露监管规则的构建，该视角具有新颖性、独特性，当然还存在很多不足之处。

①对互联网金融信息披露的不同业态缺乏具体研究。因研究内容有限、研究侧重点的不同，本书未对互联网金融信息披露不同业态下的主体进行细分研究，书中的四个主体划分在不同的业态会有所区别，自然它们的披露要求也会有不同之处，但本书未做深入探讨。这将是笔者未来要继续对其进一步研究的方向。另外书中的案例是以体现互联网金融典型特征的 P2P 网络借贷与网络众筹融资为代表的互联网金融模式。

②对跨学科知识研究较浅。因学科知识背景的原因，对有些学科知识研究不够深入。例如，在对信息披露内容结构优化方面仅限于一般意义上的学理分析。在论述违法信息披露的民事责任时，因为笔者法学理论的高度和深度欠缺，所以仅做简单的描述，在本书中未予以更加具体的探讨。

### （二）研究方法

本书主要采用了文献研究的方法、比较研究的方法、跨学科研究的方法及实证研究的方法。

①文献研究方法。深入研读中外图书和文献资料，涵盖行业报告、政府文件及相关调研数据资料，总结归纳我国互联网金融信息披露面临的四大问题和挑战。

②比较研究方法。比较研究法贯穿全书。首先，比较分析互联网金融与传统金融的区别，总结互联网金融信息披露具有的特殊性。其次，对美英两国互联网金融信息披露监管规则与我国现有信息披露监管规则进行比较分析，借鉴成功经验，构建并完善我国互联网金融信息披露监管规则体系。

③跨学科研究方法。本书研究互联网金融信息披露监管问题，涉及的学科领域有法学、管理学、经济学等，并从不同角度对该问题进行深入研究。本书从互联网金融信息披露监管相关四大主体的角度出发，分门别类地进行研究，运用不同的理论分析和破解，试图构建我国互联网金融信息披露监管规则体系。在此基础上，也借鉴了许多其他学科的研究成果。

④实证研究方法。本书的研究在对信息披露主体金融欺诈情况的论述中运用了数据统计方法，以2013年1月至2017年12月网贷之家公布的违约违规金融欺诈平台进行数据统计，以证明我国互联网金融信息违约违规现象的猖獗与执法不力，从而得出我国违约违规成本低是客观事实，发现了问题所在并找到了互联网金融信息披露监管规则构建的路径。

# 第二章　金融市场信息披露
## 监管基本理论分析

时至今日，信息披露的积极作用在金融市场监管及社会经济发展中都发挥着其重要性，同时也衍生出其对投资主体的保护功能和金融市场的监管功能。然而，"花开生两面，人生佛魔间"，信息披露监管规则在金融领域有其正面效应也有其负面效应，违约违规与违法的金融欺诈行为也频繁出现。总之，现象的存在都有其客观存在的原因，我们力求通过科学的理论进行分析，破解其内在的规律，更好地理解和运用其规律，解决存在的问题，这就需要研析信息披露规则的释义和运用机制，并以效应理论做研究的基础。

### 一、信息不对称与互联网金融风险和信息披露监管

互联网金融与传统金融既有共性也有差异，本质都是金融，但互联网金融是金融创新的一种形式，具有不同于传统金融的特殊性。因此，对互联网金融信息披露监管规则设计需将其共性和特殊性有机结合起来进行考虑。首先，要以互联网金融风险特征做抓手，只有如此，才能解决和防控互联网金融风险给整个金融系统带来的风险，以保护投资主体的利益；其次，要重视互联网金融信息披露的特殊性，由此设计出的信息披露监管规则才能有效地对互联网金融信息披露进行监管。

（一）信息不对称与互联网金融风险

1. 互联网金融信息不对称的具体表现

信息不对称是指交易过程中双方信息的不对等情况，劣势方无法获得优势方的全部信息，这种信息不对称的原因可能是观测成本过

高，也可能是优势方为达到欺诈目的而故意隐瞒。因此，劣势方在缺乏充分信息下处于不利地位，很难做出全面而可靠的决定。❶ 在互联网金融市场上，由于平台依托于互联网运营的特性，几乎所有的信息都通过互联网传递，投资主体只能依赖于平台在网络上发布的信息做出投资判断和决策。互联网金融的涉众性、虚拟性等特征，使信息不对称问题尤其突出。除此之外，互联网金融市场交易者之间身份确认、信用评价、资金往来方面的信息不对称程度与传统金融市场相比更高。❷ 信息披露是市场经济公开性、透明化的要求，是公众知情权的体现。公开应该指向投资主体使其获得信息、了解事实真相，而不仅仅向政府或者交易机构提交报告书。❸ 信息披露监管规则是金融市场有效运行的基石，是投资主体进行投资决策的依据。❹

依据互联网金融信息披露相关主体在信息上获得的差异性，互联网金融信息披露监管相关主体间的信息不对称大致可以分为以下三类。

一是信息披露主体与投资主体信息不对称。互联网开放式平台，信息披露主体与投资主体的信息不对称，实质上有三重信息不对称：

①平台和投资者之间的信息不对称。投资主体作为信息劣势者，不知道平台是否提供了真实的借款者信息，不知道平台是否和借款者有无关联，也不知道平台的服务质量如何，等等。

②借款者和投资主体之间的信息不对称。借款者和投资主体不见面，也不认识，借款者处在信息优势方，如失信成本很低的话，更倾向于用欺诈的手段获得贷款，或者获得贷款后故意违约，以求自身的效用最大化。

③平台和借款者之间信息不对称。借款者提供了虚假和不完整的信息，隐藏了对自己不利的信息。

---

❶ 吴晓光，李明凯. 从信息不对称理论看我国的金融信息服务 [J]. 金融发展研究，2011（3）：16.

❷ 任春华，卢珊. 互联网金融的风险及其治理 [J]. 学术交流，2014（11）：108.

❸ Brandeis L D. Other People's Money and How the Bankers Use It [M]. Cosimo, 2009：62.

❹ 甘培忠，夏爽. 信息披露制度构建中的矛盾与平衡——基于监管机构、平台企业与投资者的视角 [J]. 法律适用，2017（17）：38.

互联网金融市场，信息披露主体处于信息优势方的地位，对其自身的经济情况、现金流向、未来的发展潜力和市场占有率等信息有较好的了解和掌握。可是，信息披露主体为达到融资甚至欺诈的目的，就有可能故意隐瞒相关信息或选择性地进行信息披露，对其不利的信息不披露或少披露，而对其有利的信息进行积极甚至虚假的宣传。但是，处于信息劣势方的投资主体一般很难准确地判断风险及投资价值，在投资金额较小的情况下，宁愿选择"搭便车"，缺乏调查的动力和行为，不愿意去承担更多的信息成本，这使投资主体无法掌握披露主体的真实融资信息，造成信息不对称。

例如，在 P2P 网络借贷中，作为信息中介者的网络借贷平台有可能隐瞒平台展示的借款项目的风险因素，甚至会对借款项目和平台交易数据进行虚假描述，从而获得投资主体的信任，最终达到促成交易、提升平台佣金收入的目的。由于投资主体在进行投资决策时主要依赖投资项目公开资料和平台过往交易数据等显性信息，一旦融资者与互联网平台存在合谋欺诈或者互联网平台为自身利益默许融资者的不实行为，必然造成投资主体的非正常投资损失之隐患。逆向选择会造成互联网金融市场交易中出现由于信息不对称造成的"劣币驱逐良币"的现象，进而造成行业信用风险累积。

二是投资主体与信用中介主体信息不对称。为了提高融资的成功率，互联网金融平台通常与第三方评级机构相互合谋，让第三方评级机构出具良好的信用评级，提高投资主体的投资信心，达到使那些分散的、中小投资主体参与投资的目的，从而获得融资。

这种"信用增级"的方式加重投资主体的信息劣势地位。第三方评级机构与信息披露主体恶意串通，投资主体的利益就处于危险环境，即使给投资主体造成了损失，第三方评级机构也会以不可预期的投资风险为由为自己开脱。然而，投资主体很难发现第三方评级机构与信息披露主体之间是否存在利害关系，容易引发道德风险。

金融媒介（银行、其他存款机构）、保险公司、养老基金和金融公司可能得到必要信息，但非专业的投资主体（如普通的投资人）在不甚熟悉的互联网金融市场希望得到有关信息的帮助。第三方评级机构能够帮助投资主体驱散围绕在借贷关系周围的信息不对称，它能够帮助投资主体及其信用质量在迷雾中浮现出来。相反，如果没有第三方信用评级可供参考，投资人为了补偿因信息不对称所产生的额外风险，必然要求更高的风险溢价，可能造成逆向选择或道德风险问题。太高的成本要求可能迫使信用品质良好的互联网金融平台宁可退出市场，出现"劣币驱逐良币"现象，此为逆向选择。

三是信息披露主体与信息披露监管主体信息不对称。在 2016 年互联网金融专项整治行动期间，银监会等部门陆续发布《网络借贷信息中介机构业务活动管理暂行办法》《网络借贷信息中介机构备案登记管理指引》《网络借贷资金存管业务指引》《网络借贷信息中介机构业务活动信息披露指引》等规范性文件，初步形成了网络借贷行业"1＋3"监管规则框架，对互联网平台应当披露的具体事项、披露时间、披露频率及披露口径等做出了明确规定，为监管机关对网络借贷行业风险信息的监管提供了规范依据。但在执行层面，监管机关依旧陷入实施互联网平台监管的信息劣势之困境。由于互联网金融业务的虚拟性、非直接接触性和科技属性，监管机关在实施监管时，对网络借贷平台和借贷双方的身份认证及违约责任确定都存在不小的困难。互联网金融交易数据的电子证据易被篡改、伪造，因此，互联网金融平台信息披露监管的技术水平要比传统金融信息披露监管的技术水平高。目前互联网金融平台良莠不齐，大型平台尚能基本符合监管机关的信息披露要求，而为数众多的中小平台则在合规道路上"匍匐前行"，离基本信息披露要求还有较大差距。

2. 互联网金融信息不对称带来的后果

一方面信息不对称使投资主体不能真正了解资金去向，不能判断资金的用途。网络借贷平台很容易成为自融性的平台，自己设立虚假标的来取得融资，然后根据自己的实际需求将资金应用于自身的发展之中，资金链严重不稳定，投资人的资金存在极大的风险。而且自融性质的网络借贷平台从本质上等同于非法集资，危及本身的同时还会给整个市场带来系统性的风险。

另一方面导致互联网金融市场混乱。当大量欺诈和隐瞒情况出现在互联网金融市场中，在不能准确判断的情况下，投资主体对互联网金融市场会逐渐失去信心，导致投资主体从整体上不信任互联网金融平台，低估其项目的质量，不敢再进行投资，或期望更高的投资回报率，这导致部分优秀的融资项目没法得到融资，而低质量的项目和平台反而在价格优势上生存下来，如此互联网金融市场不断萎缩直至消失。

另外，信息不对称导致逆向选择。信息披露主体与投资主体的信息不对称，集中表现为事后的道德风险与事前的逆向选择。道德风险的危害在于互联网平台有利用其掌握的有利信息获得最大收益的倾向，且这种倾向会直接损害投资主体利益并突破政府的监管准则。例如，国外的帕玛拉特、安然及国内的银广夏、黎明股份，当股民知道事实真相时，股价哗然大跌，股民也不敢再投资，对此丧失信心。这种信息不对称而引发的"劣币驱逐良币"的"柠檬市场"效应，对互联网金融市场也是如此。融资者在占有信息方面处于优势地位，投资主体和融资者的这种不平等的状态，使民法中关于意思自治、诚实信用、平等的基本价值发生扭曲。所谓的意思自治即当事人按照自己的意愿行事和做出决定，不受非法干涉。❶ 但在互联网金融中，由于信息的不对称，投资主体的意愿表示其实是建立在虚假信息或不完全信息的基础上所做的决定，并不能完全代表其本来的真正意愿。

3. 互联网金融风险

风险是"一种衡量危险敞口以及预知损失程度可能性的方式，代表了在某一特定环境、特定时间段发生某种损失的可能性"。❷ 随着互联网金融业务的深入发展，互联网金融产品和服务日益嵌入人们的日常生活，如影随形的信息不对称、虚假信息、信用危机等问题，给互联网金融带来了新的信用风险、交易风险乃至金融稳定风险，风险防范关系到互联网金融的健康、可持续发展。❸ 信息经济学认为信息不

---

❶　张守文. 贯通中国经济法学发展的经脉——以分配为视角 [J]. 政法论坛，2009（6）：126.

❷　D Garland. The Rise of Risk [M] //R Ericson. A Risk and Morality. Doyle. Toronto：University of Toronto Press，2003：51.

❸　许多奇. 十部门《关于促进互联网金融健康发展的指导意见》新读——互联网金融风险防范与创新发展 [M] //互联网金融法律评论. 第2辑. 北京：法律出版社，2015：118.

对称导致金融风险。互联网金融是金融与现代互联网技术有机结合的产物，其本质还是金融，并没有改变金融的风险本质，但因其自身的特殊性，互联网金融风险的表现与传统金融存在差异。❶

第一，信用风险。互联网金融所面对的信用风险比传统金融更严重。由于信息不对称性，资金供给方与需求方无法很好地了解对方的信用和资产等状况，信用风险也就不可避免。又因为互联网金融的特殊性，相比传统金融而言，信用风险更加难以捕捉和衡量。如果互联网金融市场上出现大量机构倒闭，将会带来系统性风险，这会影响我们国家、平台、消费者的利益。因此，信用风险是我们亟待解决的问题。

第二，关联交易风险。关联交易风险是互联网金融最大的风险，关联交易是传递金融风险的主要途径之一。互联网金融关联交易包括其机构内部交易、内部资金和商品的互相划拨、自融、互相担保和抵押、交叉持股、流动资产管理等。关联度越高，则经营失败给金融体系造成的风险越大。❷互联网金融机构组织结构上的复杂性又使关联交易隐蔽性增强，投资主体、债权人难以清楚了解内部各个成员之间的授权关系和管理责任，从而无法准确判断和衡量公司的整体风险。如 P2P 的担保模式，有的是平台自身担保，还有的是控股、持股等有关联关系的机构或合作关系；大量平台的融资方与平台也存在关联关系，产生了自融，这些就会产生信用、欺诈及诈骗风险。金融危机的经验教训中，关联性被指为放大系统性风险的因素之一，正确认识互联网金融机构之间的关联性，有利于防范互联网金融的系统性风险。互联网金融的关联交易常常伴随风险的转移与累积，形成金融机构内部的系统性风险，从而危及整个机构的经营与稳健。

第三，互联网金融的信息技术风险。互联网是一个开放的网络，只要具备设备条件，任何一个客户在满足基础性条件下都可以随时进

---

❶ 洪娟，曹彬，李鑫. 互联网金融风险的特殊性及其监管策略研究 [J]. 中央财经大学学报，2014（9）：42－46.

❷ Manns. Building Better Bailouts：The Case for a Long－Term Investment Approach [J]. Florida Law Review, 2011（63）：1349－1406.

入互联网浏览、查阅信息。互联网金融机构在网络上对外部直接提供各种咨询及金融交易服务，互联网金融业务的主机应用系统与互联网金融本身的系统之间存在许多数据通信，增大了内外联网的系统风险，另外其所在数据库或者说是系统也存在高度的危险性。互联网金融业务是客户使用通过一系列的技术设备进行封闭的网络进入金融机构内部与之相联，技术的安全性比较低，内外部网络的病毒比较容易对互联网金融机构的网络进行网络攻击。❶ 故而，互联网金融较突出的风险之一就是信息技术风险。一是基于计算机技术的操作风险更为突出；二是信息的处理、泄露及身份的识别等技术风险；三是因重大的网络技术程序的失灵可能引发的金融基础设施损坏风险。若平台万一受到黑客的恶意攻击、网络的系统保护出现漏洞而感染病毒时，那么客户的信息资料就会被大规模地泄露，甚至系统瘫痪和资金被盗。韩国在 2014 年曾发生过类似这样的事件，客户资料被泄露，涉及1500 名客户和 1 亿条信息。在 2015 年 5 月，第三方支付平台"支付宝"发生故障，导致上亿客户不能进行资金支付和转移。❷

第四，"长尾"风险。互联网金融突出的特点就是"长尾"效应，可在边际成本接近零的情况下服务客户，极大地扩展了金融服务的边界和市场。互联网金融的广泛性、规模性导致风险的负外部性加强，人数巨大的消费者利益侵犯与权益保护问题凸显。同时，互联网独有的开放性、传播速度快等特点，会扩大风险的传染性和破坏性。❸互联网金融具有高技术性带来的操作风险和高联动性带来的传染风险。因此，互联网金融不仅会扩大和加剧传统金融所具有的信用、流动性等风险，还具有独特的信息技术风险和"长尾"风险，互联网金融的相关风险直接影响互联网金融的信息披露监管。互联网金融在风险信息分布形态、信息披露核心内容、信息披露民事主体和承担法律

❶ 李爱君. 互联网金融的本质与监管 [J]. 中国政法大学学报, 2016 (2)：58.

❷ 丁玉，卢国彬. 互联网金融：本质、风险及监管路径 [J]. 金融发展研究, 2016 (10)：39 –41.

❸ 洪娟，曹彬，李鑫. 互联网金融风险的特殊性及其监管策略研究 [J]. 中央财经大学学报, 2014 (9)：42 –46.

责任方面均与传统金融不同，应当依循互联网金融功能蕴含的独特的风险逻辑，建立独立的互联网金融信息披露监管规则体系，以符合产品特性和信息使用者的需求。从信息披露监管规则及互联网金融整体法律监管规则体系来看，互联网金融信息披露监管规则是为投资主体进行价值判断提供信息和依据，充分揭示投资风险，调整融资与投资平等主体民事法律关系的一种特定法律规范。作为互联网金融法律监管规则的重要组成部分，完善的互联网金融信息披露监管规则能够提升投资主体信心，保护投资主体合法权益。

第五，网络效应风险。互联网金融的网络外部性即网络效应。互联网金融与传统金融的区别，不仅在于信息技术所带来的交易处理效率的提高，而且在于形成了以互联网平台为核心的金融中介模式。互联网平台突破传统市场和平台组织的边界，形成以平台为核心的混合模式，借助互联网的虚实情境结合来创造、培育和利用网络效应。❶网络效应也称作网络外部性（Katz、Sapiro，1985），即任何一个网络参与者从网络中可能获得的效用与网络的规模（网络参与者的数量）存在明显的相关性。比如，在一个互联网融资平台网络中，如果参与这个网络平台的用户越多，用户可以投资的项目或融资的对象会越多，每一个用户可能从这个网络中获得的好处越大。基于互联网平台的互联网金融模式具有典型的双边市场特性。从网络结构特征来区分单边市场和双边市场，具有 A—S—B 和 B—S—A 相互影响的特征结构的市场是双边市场（Economides，1995），而只具有 A—B 或 B—A 影响关系的市场是单边市场（传统信贷市场和平台市场等）。从用户之间的关系看，双边平台的两方用户群体之间相互作用，每一方的用户都关注平台上另一方用户参与的特性，即"交叉网络外部性"（Roczet、Tirole，2003）。从价格结构角度看，如果通过提高向平台一方的收费，同时相应地降低向平台另一方的收费，就可以改变整个平台的交易量。在双边市场中，价格结构影响交易量，平台设计合理的

---

❶ 庄雷. 互联网融资、资源配置效率与风险监管研究 [D]. 南京：东南大学，2016：87.

价格结构以吸引两边的参与者，即"价格结构非中性"（Roczet、Tirole，2006）。因此，互联网金融模式具有网络经济的一般特征。

互联网金融市场存在金融风险，但由于其是以金融理论和网络经济规律为指导，以搜索引擎、云计算等互联网通信技术工具相结合的新金融，因此互联网金融风险具有自身的特点。

①虚拟性。互联网金融交易的网络化使其具有虚拟性，这种"虚拟化"的交易模式加剧了金融风险的隐蔽性，给金融监管机构的管理带来了新的挑战。

②速发性。互联网金融的交易业务在网上进行，具有快速发生和完成的优势，资金运转的范围更广、速度更快，支付也更方便，但金融风险和事故的发生也同样迅速。因此，一旦出现"失误"，补救余地较小，损失成本会较大。速发性是互联网金融风险事故的一个特点。

③并存性。传统金融的信用风险、系统性风险和流动交易性风险与互联网金融的信息技术风险、"长尾"风险同时存在。这种风险的并存性，加剧了管理互联网金融风险的难度。

④多样性。由于互联网金融内涵和模式的丰富性，因此其风险内容和类型也是复杂多样，加之随着互联网金融的不断创新还会出现新的业态模式，因此新的风险也会随之增加。

⑤超越性。互联网金融交易的目的、对象、过程具有模糊性，而且具有不受地域、时间限制的便利性。在这样自由开放的网络环境下，信息不对称更加严重，使金融风险也更难把握。

互联网金融风险的这些特点，加大了对互联网金融信息披露监管的难度。

（二）信息披露监管规则的生成

信息披露概念源于保护金融交易安全，是契约精神的体现，信息披露监管其本身具有的内在特征与社会经济发展目标的上层管理者的主流思想是一致的，因此广泛应用于金融监管领域，并逐渐成为互联网金融市场监管领域的核心。

1. 信息披露规则之生成

信息披露监管是金融市场监管中的重要组成部分，更是互联网金融监管的灵魂。依据学者对信息披露的内涵描述，"信息披露即信息向公众公开，是指市场信息在公开、公平、公正的原则下交易主体依据法律法规要求，将其财务运营、融资项目、资金流向等有关信息在一定的时间以一定的方式向社会公开的一系列活动。信息披露是公众知情的一种表现，也是市场经济透明化、公开性的体现。"❶ "信息披露规则是指证券市场上的有关当事人在证券上市和交易等一系列过程中依照法律、法规、证券主管部门管理规章及证券交易场所等自律监管机构的有关规定，以一定方式向投资主体和社会公众公开与证券有关的信息形成的一整套行为规范和活动准则。"❷ 可见，在金融市场监管背景下，信息披露规则具有以下三个特点。

第一，信息披露内容的方式、程序、时间、范围等都是按照法律、法规的规定进行。

第二，从形式上是依照法律法规和监管部门的要求公开披露，这与信息披露给对方进行信息加工、信息储存和保管等非公开信息披露是不一样的。法律、法规上的规定是信息公开披露的底线，不妨碍市场主体在强制信息披露时对信息的扩展、补充、细化，或市场主体对法律、法规规定范围之外的信息进行自主公开。

第三，信息的指向对象是对社会公开。这里包括的主体是多方面的，可以是监管部门、股东、新闻媒体、债权人、投资主体等。"信息本身就具有不可估计的力量"，若没有信息，公众就不知所措，在信息充分、有效、及时披露的前提下，公众才有可能做出理性的投资决策及辨别违约违规与违法行为并予以阻止。❸

信息披露在各学科领域里的含义并非完全一样。不过对其表象性的特征进行总结，可归纳为通过图像声音、语言文字等媒介公布那些

---

❶ 吴弘，胡伟. 市场监管法论——市场监管法的基础理论与基本制度［M］. 北京：北京大学出版社，2006：131.

❷ 齐斌. 证券市场信息披露法律监管［M］. 北京：法律出版社，2000：1.

❸ 齐斌. 证券市场信息披露法律监管［M］. 北京：法律出版社，2000：6.

尚未公开的信息行为。哈耶克曾对信息披露监管做过如此叙述："信息是进行决策的基础和依据，而资源的配置是决策的结果。因此，对信息进行科学、有效的运用是经济生活的关键问题。"❶

信息披露最早产生于英国，然后在美国得到不断发展并且广泛运用，各国在美英国家的示范作用下，也开始纷纷建立适合本国国情的信息披露监管制度。具体而言，在 1720 年英国的"南海泡沫事件"（South Sea Bubble）是信息披露制度的萌芽开始阶段，引起了社会公众对其的重视，英国《欺诈防止法案》（Bubble Act of 1720）的出台是当时政府及社会公众意识到信息披露重要性的体现。在 1844 年英国首次确立了强制性信息披露原则（The Principle of Compulsory Disclosure），是在当时颁布的《合股公司法》（The Joint Stock Companies Act 1844）的"招股说明书"（Prospectus）中进行了明确规定。之后信息披露监管在金融市场发达且成熟的美国得到真正的迅速成长。美国德克萨斯州在 1911 年通过的《蓝天法》（Blue Sky Law）开辟了在美国州层面的信息披露实质审核机制，强制要求披露财务报告，是为了在投资领域里控制劣质股权的进入，随后其他州也开始不断仿效建立属于本州的信息披露审核模式，所以美国当时并未形成统一的信息披露制度。

综上所述，金融市场的信息披露规则生成的主要目的在于打击金融欺诈。一方面使披露主体的融资成本增加，主要是满足监管合规性的披露成本被提高；另一方面在法律监管规则运作下达到促进融资和提供交易安全的目的。

2. 信息披露监管之运用

在互联网金融市场中信息披露是现代金融法律监管的重要手段并运用广泛，但其并非源于法律。信息披露之所以在金融市场具有诱惑力和发挥积极的作用，主要原因在于其所主张的意识形态与国家管理层的主流价值上的共鸣，即保护投资主体和金融市场的稳定发展。因此，我们说在政治上信息披露做出了其杰出的贡献。

在信息披露的运用机理上，其有以下四种具体的意识属性：一是

---

❶ 陈汉文．证券市场会计监管［M］．北京：中国财政经济出版社，2001：36．

信息披露坚持事实自证原则。信息披露在表现方式上讲究的是事实本身，不需要进行证明。如此，信息披露没有堵死融资者、立法者和投资主体的任何一条路，因此，信息披露看上去是一种并不复杂的监管方式，立法者通过制定相关披露规则对经济行为进行监管，融资人为满足监管的合规性及市场需要进行信息披露，而投资主体依靠披露主体的披露信息进行判断做出投资决策。二是信息披露符合市场自由原则精神。传统经济学的代表凯恩斯推崇理想的市场模式，他们认为市场机制要达到最佳的运行状态，投资主体在双方交易市场中能进行有效决策的条件就是市场信息能充分披露。三是信息披露符合运行逻辑。以信息披露为核心的监管有一条逻辑通顺的生态链，只有立法者、融资者、投资主体都发挥好各自的义务和责任，信息披露监管机制才会中庸并稳健地发挥其作用。四是信息披露尊重个体自治原则。信息披露的价值在于帮助投资主体做出理性决策，可以满足人们支配个人事务的道德性权力，促进双方交易的公平、自由买卖。

从另一个消极层面去探讨信息披露的监管机理，不难发现其为潜在的社会意识形态也提供了捷径。一是立法者对金融监管的积极回应。在现行的信息披露监管机制中我们可以肯定，立法者只需要制定相关标准和后续审核，不需要政府投入经费进行科学研究或政府提供经济补助，所以立法者找不到比信息披露更方便和更有用的监管方式了。传统经济学中，从信息披露到决策过程中的很多问题都被忽视，如投资主体的金融知识匮乏存在非理性投资。期望理论观点认为在现实中，人们的乐观主义是因对现存的风险和概率的低估而导致，投资主体的这种非理性心理将在信息披露下被进一步加剧。因此，信息披露本来所承担的作用是保护交易的公平，而在这种情况下变成了对投资主体的催化剂。二是融资者规避责任（Cover Your Ass，CYA）的合法途径。"信息海啸"反倒帮助融资人规避责任，而并未帮助投资主体做出理性决策。

综上所述，信息披露监管在金融市场领域的运用，它不仅满足社会经济发展的潜在需求，最主要是它与现代社会的主流意识是一致的。不管是具体层面上的以万变应不变的发展思路，还是监管层面上的以不变应万变的宏观监管理念，信息披露监管对互联网金融市场的发展具有重要意义。

## 二、互联网金融信息披露监管相关理论

### （一）成本收益理论

信息披露的成本效益分析（Cost – Benefit Analysis，CBA），是研究信息披露监管规则的基本层面问题。对于互联网金融平台和融资人来说，信息披露在金融市场的作用在于它能有效降低交易成本，促进融资。因此，对于信息披露主体而言，促成融资是进行信息披露的直接动机。信息披露在交易双方的重复博弈下已内化为融资成本，并且分裂成强制信息披露与自愿信息披露。对于信息披露主体的高质量信息披露需要通过成本效益经济学的严格测算才能将披露内容、披露标准、披露程序精确地确定下来，以激发互联网金融信息披露的市场效应。进行信息披露的成本效益分析时，要将"信息"的概念内化为融资人的"信息资产"，并根据"信息资产"的特征去改造披露内容架构，使其符合经济学理论预设。其意义在于信息披露的成本效益分析更加看重"市场的价值"以及"成本收益的效果"，目的在于最大化收益，并通过"高质量的信息披露"在强制与自律监管层面赢得"行政声誉"以及"信用声誉"。借助传统芝加哥大学本·沙哈尔教授对信息披露的成本效益分析，可以为互联网金融信息披露监管规则的研究提供两个层面理论支持：第一，成本方面对强制信息披露内容的改造，缩减披露成本。第二，收益方面对自愿信息披露内容的预设，最大化交易收益。通过成本收益之间的结构性改造来提高信息质量，促进融资便捷。透过信息披露 CBA 分析理论，我们可以更加清晰地看到信息披露问题的本质。从强制信息披露层面来说，波斯纳提出"法律通过保护产权，来促进经济的发展。"若一味增加强制信息披露的内容，那么披露主体的成本会不断地增加，给市场造成过重的负担。强制信息披露可通过格式化条款减少交易成本，从而降低交易成本。但事实上因金融市场中少数欺诈行为的存在，往往会促使监管者为解

决此类问题而不断增加信息披露内容，最终造成信息披露"棘轮效应"。[1] 信息披露内容的增加给融资者和互联网平台带来了更重的信息披露成本压力，使信息披露生产成本不断提高。监管者是不受信息披露成本压力束缚的，很容易进入"全面披露"思维模式。"全面披露"带来信息充足性的同时，也会引起信息泛滥，投资主体可能并没有从广泛的信息中获得真实所需的信息，反而可能帮助融资者规避责任。经济学实证观点指出在自愿信息披露方面，平台股权成本构造、平台前瞻性预测和平台的及时性公告，更受投资主体的青睐，因为投资主体通过这些信息可以较好地对平台的未来预期值进行评估。投资主体对风险概率的低估会导致乐观主义倾向性，从而增加平台流动，降低融资成本。总而言之，这些都在共同地说明一个道理——CBA信息披露效益分析及预测：通过"市场"与"投资主体"的偏好，把握好"信息资产"并进行合理改造，可以赢得信息披露主体收益的最大化效应，也能实现信息披露在互联网金融市场的核心价值。

信息披露的成本效益分析。在实践中对于信息披露主体而言，信息披露的成本收益客观存在，理论研究观点也认同了以信息披露作为监管手段的好处以及收益应当高于成本的共识。但在现实研究中，其中很少一部分学者专注于研究信息披露的成本是否低于信息披露主体得到的收益。大部分学者都集中研究怎么保护投资主体，如何进一步改善信息披露质量，使投资主体更容易阅读和理解信息。而鲜有学者实际地去考察提高信息披露主体的违约违规与违法成本所产生的功效。[2] 因此，从研究信息披露的本质出发，对成本和收益的研究是对互联网金融平台披露动机和信息披露决定机理的本源性问题研究，也就是说，当信息披露所带来的收益微乎其微，那么披露成本不管多

---

[1] 信息披露的"棘轮效应"在本·沙哈尔教授的解释下，意指强制披露倾向于扩张，很少收缩。由于披露未能解决相应的问题，而且新的问题又被发现，立法者扩充了既有法令，并制定了新的法令。强制披露的法令推动事态一直向前发展，直到全面披露。而全面披露是实现自由选择的一个必要先决条件。其程度将超出全面标准，上升至全面理解。参见：本·沙哈尔. 过犹不及 [M]. 陈晓芳，译. 北京：法律出版社，2015：40-42.

[2] Ben-Shahar, E Scheider. The Futility of Cost-Benefit Analysis in Financial Disclosure Regulation [J]. Journal of Legal Studies, 2014 (6)：253-265.

低，披露主体也很难有披露的动机，若惩罚机制不具有威慑力，披露主体的违约违规与违法行为难以杜绝。所以，互联网金融信息披露主体的信息披露监管规则构建，一方面要考虑监管的合规性，同时进行披露内容结构优化，降低信息披露直接成本；另一方面要加大信息披露主体在信息披露过程中因信息披露规避行为而给投资主体及社会造成损失的间接成本，建立相应的高惩罚机制。

## （二） 网络外部性理论

根据 Katz 和 Shapiro 的定义，网络外部性是存在于网络参与者之间的一种特殊现象——任何一个网络参与者从网络中可能获得的效用都取决于网络规模，即网络参与者的数量。❶ 其中的网络并不是传统金融机构也具备的互联网等物理网络，而是基于电信网、互联网等物理网络形成的汇聚众多参与者的虚拟网络，其特点是网络的节点就是参与者个人，且参与者之间存在显著的相互依赖特征，所以网络规模也称客户规模。梅特卡夫原则就是在此基础上提出的，其要义就是网络价值的增长速度是客户数量的平方。对于互联网金融平台而言，由于网络价值的存在，意味着虚拟网络中的客户（投资主体）所得到的金融产品和服务不仅反映了自身的需求，而且与所链接的网络中的其他用户（投资主体）有关，客户（投资主体）之间存在明显的相互依赖特征，用户（投资主体）规模越大，则互联网金融平台越有可能通过网络效应的作用达到融资效果。当客户（投资主体）规模达不到临界点，就不会有新用户（投资主体）的加入，那么该互联网金融平台将很难继续生存，很可能会快速地在市场上消失。❷ 反之，当客户（投资主体）规模超过这个临界点，不断加入的新用户（投资主体）会使互联网金融平台的价值也随之增加，会吸引更多的新用户（投资

---

❶ Katz M，Shapiro C. Network Externalities Competition and Compatibility ［J］. American Economic Review，1985（75）：424 – 440.

❷ Shapiro C，Varian H R. Information Rules：A Strategic Guide to the Network Economy ［M］. Cambridge，MA：Harvard Business School Press，1999：35 – 53.

主体）再加入，这就是逐渐形成弱者越弱、强者越强的马太效应。❶ 因此，对于互联网金融信息披露中信息披露主体，在互联网金融市场条件下提高信息披露主体的信用评级，可增强其获客能力，❷ 超过客户规模的临界点，从而促成大量交易、占领市场。

其实良好的信用评级就是声誉。声誉多用于褒义，是指声望和名誉。❸ 良好的信用评级是使融资者和互联网金融平台在社会得到声望和名誉的肯定。从而有助于信息披露主体得到认可或通过其声誉获得更多投资主体，实现融资并促成交易目的。第三方评级机构的信用等级评价决定了信息披露主体的获客能力，帮助投资主体评价信息披露主体的信用风险。投资主体依赖评级机构的相关评级信息披露，尤其是那些小规模的机构投资主体、个人投资主体金融专业知识匮乏，高度依赖评级信息作为他们投资决策的依据，所以评级机构的评级信息对投资主体的决策至关重要。因此，融资者和互联网金融平台对信用风险会做出评估和分析。如融资者和互联网金融平台会预计其违约事件、违约概率对影响其信用评级的结果所造成的损失。

很多人认为信用等级披露主要是为帮助投资主体做出理性决策，其实对于信息披露主体和投资主体双方都是有益的，因为信息披露本身是在直接保护投资主体，保护互联网金融平台的投资主体就是保护平台自身。平台只有保护投资主体且能取信于投资主体，才能获得资金、达成交易。因此互联网金融平台的信用等级披露一定要真实、准确、完整，一个发布虚假信用等级信息的平台会逐渐失去投资主体，失去投资主体的平台就难以存续。互联网金融平台和融资者信息披露目的在于获客，即投资主体的信任和参与。从长远看，互联网金融平台要扩大在市场中的影响力，不仅仅依赖平台自身具有的实力，更需

---

❶ Mingchun S, Edison T. Resource Accumulation and Strategic Alternatives in Two – Sided Markets [J]. Journal of Management Studies, 2009 (46)：45 – 64.

❷ 获客能力是指吸引客户的能力，客专指投资主体。参见：赵毅. 互联网金融企业 A 投资场 IPO 行为偏好研究——基于融资和增信的双重视角 [D]. 哈尔滨：哈尔滨工业大学，2017：136.

❸ 赵毅. 互联网金融企业 A 投资场 IPO 行为偏好研究——基于融资和增信的双重视角 [D]. 哈尔滨：哈尔滨工业大学，2017：109.

要通过投资主体的口碑来建立声誉，使其发展规模越来越大。为更高效率地吸引客户，尽快提高客户规模，通过增信是互联网金融信息披露主体发展的必然选择。但当前个别信息披露主体为了获客，从第三方评级机构购买良好信用评级欺骗投资主体达到融资目的，甚至圈钱，然后跑路。

### （三）行为经济学理论

传统金融学信奉有效市场理论，这一理论最基本的假设是任何市场参与者都是理性的，也就是说，他们都具有无限的分析信息能力。这一理论就是假设人都是理性的。[1] 信息披露的制定需要理论上的论证。但行为金融学和经典金融学的研究成果都证明，若只是把信息提供给投资主体，信息不对称的问题并不是肯定能够解决。若这个假设成立的话，那么市场上的任何问题是不是可以通过完全的信息披露就可以解决？显然不是。当市场上的信息数量过大且已超出市场主体所能承受的范围，他们也许会选择放弃分析而做出非理性的投资决策。另外，因信息分析能力的不同，市场主体的选择结果也会存在不同。[2] 我们可以把市场主体分为信息投资主体和噪音投资主体。可以应付市场中的信息并进行分析处理的参与者属于信息投资主体，而所谓的噪音投资主体是相对于信息投资主体而言，对金融市场信息缺乏处理能力的参与者。在市场投资决策中，一般信息投资主体的决策会起到领头作用，因噪音投资主体缺乏分析应对能力会选择跟随。但是，当金融市场信息投资主体的人数过少，而噪音投资主体的人数过多时，信息投资主体的最优策略就变成了反过来追随噪音投资主体而谋利。[3] 这就说明投资主体消化信息的能力对市场的功能发挥和资源配置是非常重要的，但这并不意味着所提供的信息越多越好。随着互联网金融

---

[1]  Burton G, Malkiel. The Efficient Market Hypothesis and Its Critics [J]. The Journal of Economic Perspectives, 2003 (14)：59 – 60.

[2]  Ronald J Gilson, Reinier H Kraakman. Market Efficiency after the Financial Crisis：It's Still a Matter of Information Costs [J]. Virginia Law Review, 2014 (100)：341.

[3]  Ronald J Gilson, Reinier H Kraakman. The Mechanisms of Market Efficiency [J]. Virginia Law Review, 1984 (70)：549 – 552.

的发展，与其相关的信息数量和复杂程度将会日益增加。一方面，互联网平台为难以计数的个人和民企提供了融资的渠道，而投资主体在决策中所需要面对的选择以及与之相关的数据就会呈几何倍数的增长；另一方面，很多互联网金融业务都要以金融化产品作为其表外融资的途径，而金融化产品的底层资产数以万计，不同层次的收益权的风险差距不小，且实行循环结构更是增加了分析的复杂程度。

由于互联网金融市场最显著的特征是建立了信息共享机制和降低融资成本，因此，有效市场理论所要求的条件是在一个正常且有效率的市场中，市场上的每个人都是理性的主体。然而，有效市场理论所面临的理论挑战最显著的是投资主体并非完全理性。经常是以同样的方式偏离理性，且不是偶然发生。下面引入行为经济学来解释并分析投资主体在信息披露过程中表现出的非理性问题。因互联网金融的普惠性及产品投资的大众化，那些零散客户以及小型法人和公益法人、缺乏金融知识及经验的一般投资主体成为互联网金融信息披露的重要对象，是金融市场的弱势群体。投资主体方面并非政府监管所能解决，相反投资主体非理性问题是互联网金融信息披露监管规则建设的绊脚石，是需要我们处理好互联网金融信息披露监管规则构建的问题之一。那么投资主体的非理性行为在互联网金融信息披露监管规则中，起到什么样的作用，以及如何克服非理性行为，接下来我们通过行为经济学理论进行分析和破解，作为解决互联网金融信息披露中投资主体信息披露规则构建的方案。现在，我们通过行为经济学理论来解释并分析投资主体经常性偏离理性的原因以及信息披露如何帮助投资主体做出决策。

在资本主义社会，亚当·斯密提出的自由竞争机制得到了空前发展，认为市场是一只"看不见的手"。但对于经济行为的论述，亚当·斯密在其两部代表作中又分别表达出了两种不同的观点。

①亚当·斯密把人类情感中的"同情心""美德"等正面因素，在著作《道德情操论》（*The Theroy of Moral Sentiments*）中进行了详细的分析，研究"同情心""美德"在社会关系中是如何控制和影响人类的感情和行为。

②亚当·斯密在《国富论》中把人设想成天生就是追求"自利"的动物，并说明社会走向繁荣和人类进行选择都是人类具有自私行为所致，是根本动因。❶

亚当·斯密在两本著作中表达的观点是相互矛盾的，但是他把神经科学理论和人类心理学都引入经济学理论中进行论证，并且得出在同样的环境下人们进行的选择可能是不一样的。随着社会的不断进步和理论的不断发展，行为经济学理论在上述基础上又有了进一步的研究成果，即人们行为上的不同选择除了受其本身的经济条件影响之外，其生理、心理机能、天赋、内生偏好以及掌握的知识等也会对人们的选择产生重大影响，当然有关经济条件的约束也是其中一个方面。❷ 传统经济学理论认为人是理性的，行为经济学却对其否认，指出人类的行为不仅会受外部环境的影响，自身条件也会对其行为产生不同的影响，这能使我们更好地理解投资主体的非理性行为"选择"是怎样的一种情况。在金融市场和投资主体领域应用行为经济学分析金融市场监管规则的建立和完善是极其重要的。从信息披露层面来讲，由于法律规制下互联网金融平台需要公开信息披露，投资主体对于披露的信息会带有主观情绪化反应，在心理、生理和环境因素的作用下非理性因素增加，往往会使投资主体做出错误的决策，使信息披露引导投资主体的逻辑出现偏差。况且，我国互联网金融市场以个人投资主体居多，大部分人对金融知识知之甚少，要求投资主体依靠信息披露做出正确投资决策并形成有效市场，是无现实可行性的。如果投资主体依据本身金融知识的有限性去做出投资决策，那么会阻碍互联网平台的发展，因"非认识信息"会失去其市场价值。所以，研究投资主体的权益保护，不仅要考虑如何避免投资主体的错误决策，同时也要注意给互联网金融市场带来副作用的"非认知信息"。因此，

---

❶　Adam Smith. Section Ⅱ "Of the Degrees of the Different Passions Which are Consistent with Propriety Introduction" of The Theroy of Moral Sentiments：Adam Smith Archive ［J/OL］. ［2017－10－25］. https：//www. marxists. org/reference/archive/smith－adam/works/moral/.

❷　佛郎切斯科·帕里西，佛农·史密斯. 非理性行为的法和经济学 ［J］. 比较，2005 (21).

在投资活动中，用行为经济学来分析和破解投资主体的非理性行为，对互联网金融信息披露监管规则构建至关重要。

### （四）金融监管竞争理论

监管竞争理论来源于亚当·斯密的市场竞争理论，完全的市场竞争可以造就完善的市场。监管竞争理论强调在跨境市场交易中，各国在竞争中竞相降低监管标准、放宽市场准入条件，以吸引投资，从而导致恶性竞争态势。❶ 金融一体化背景下，各国为了吸引金融资源在金融市场监管上会竞相放松，因此，在跨国的金融监管竞争中较为宽松的国家和地区就会获得更多的资本，如此导致各国金融监管的恶性竞争，金融风险也随之加大。由于监管者关注的群体范围主要是本国投资主体的利益，通过降低本国银行的审慎监管要求，增强本国金融机构的竞争力，但随之也会出现"监管容忍"的局面。❷ 形成跨国金融监管的灰色区域，出现监管真空。同时，金融市场的融资企业、中介机构、投资主体在跨境金融市场的交易中，自然也要受到相关国家法律法规上的监管。❸ 这些跨国金融市场主体必须同时遵守各个国家不同的金融监管要求，并且有时国与国之间的监管规则相互冲突，因此会产生监管重叠问题。❹ 总之，跨国金融监管竞争存在重复监管和监管真空问题。同理，在我国互联网金融信息披露监管中，由于我国互联网金融市场的不成熟以及我国特有的行政混搭治理结构，导致我们在互联网金融发展过程中面临诸多利益冲突和体系上的障碍。主要体现在地方金融办内部的服务监管和行政监管间的职责不清、金融办与证监会监管权力的分配等问题上，这些都影响着互联网金融信息披露监管规则设计能否平稳着陆。

---

❶ 樊富强. 跨境股权众筹信息披露监管协调机制研究 [D]. 北京：对外经济贸易大学，2017：32－34.

❷ Berk J B，Stanton R，Zechner J. Columbia Business School，De Paul University and Columbia Business School [J]. The Journal of Finance，2010（2）：65.

❸ 孙焕民. 金融监管的国际协作：实践与理论探索 [D]. 成都：西南财经大学，2004：98.

❹ 刘笑萍，郭红玉，黄晓薇，等. 银行业监管的国际协调机制研究 [J]. 金融会计，2011（3）：30－31.

我国金融监管实行分业监管体制，在互联网金融监管竞争中，不同的监管机构对互联网金融各模式进行监管，为了给各自提供最有效的监管环境和方式而会形成一种竞争。其弊端就是监管竞争，有利益抢着要，有问题大家都推卸责任。[1] 目前，我国实行分业监管的模式进行分业经营、分业管理，未实现混业经营。而互联网金融业务普遍具有业务交叉性强、跨部门、跨行业等特征。我国分业监管体制面临的巨大挑战是跨部门间的协调机制尚不成熟、监管部门的责权不清，以及公安部、工信部等相关部门的协调配合问题。

## 本章小结

本章阐释了金融市场信息披露监管基本理论。通过对互联网金融信息不对称及互联网金融风险的信息披露监管规则的生成和运用机制介绍，说明信息披露监管规则是契约精神的体现，信息披露监管其本身具有的内在特征与社会经济发展目标及其上层管理者的主流思想是一致的。因此广泛地应用于金融监管领域，并逐渐成为互联网金融市场监管领域的核心。在理论层面，通过对信息披露主体引入信息披露成本效益分析、信用中介主体引入网络外部性理论、投资主体引入行为经济学分析以及监管主体引入金融监管竞争规则理论，解释当下互联网金融市场信息披露中四大主体所面临的问题。

关于互联网金融信息披露的相关理论，从互联网金融信息披露监管生态链的相关主体即信息披露主体、信用中介主体、投资主体及监管主体所面临的四大核心问题——信息披露主体的规避问题、信用中介主体增信失真问题、投资主体非理性问题、监管主体的多头监管问题出发，以科学的理论分析方式——导出。

①成本收益分析理论。信息披露主体的披露动机是满足合规性与自身效益的最大化，故而运用成本收益理论来研究信息披露主体的规避问题，使融资者和互联网金融平台信息披露符合经济效益理论要

---

[1] 邱灵敏. 互联网金融风险成因及监管对策——由"e租宝"非法集资事件引发的思考 [J]. 北京政法职业学院学报，2017（3）：21-22.

求。其目的在于使收益最大化，看重"市场的价值"，在自律监管层面与强制披露上通过"高质量的信息披露"赢得"信用声誉"和"行政声誉"，重视"成本收益的效果"。一方面通过对披露主体所披露的内容进行结构上的优化和简化，从而减少披露成本；另一方面加大对违约违规与违法披露的惩罚金额，促使违约违规与违法所得同处罚金额相一致，让披露主体在违约违规与违法面前无获利可言。所以我国互联网金融信息披露主体的违约违规与违法猖獗现象，其根本原因是互联网金融欺诈的成本大大低于其收益。因此，要在互联网金融市场提高处罚金额，增加金融欺诈的违约违规与违法成本，使信息披露主体在违约违规与违法上无利可图，从而遏制金融欺诈现象。

②网络外部性理论。网络外部性分为正外部性效应和负外部性效应。所谓网络正外部性即随着某种信息产品消费者数量的增加，用户规模的不断扩大，使这种网络正效应表现得更为突出，从而使其实现超额利润。在互联网金融市场的激烈竞争中，信息披露主体可以利用第三方评级机构的信用评级报告形成羊群效应，得到获客网络正效应。如此，在互联网金融信息披露过程中因我国征信机构的不完善，致使第三方评级机构与信息披露主体合谋，第三方的信用报告缺乏真实性，使投资主体遭到损失。因此，引入网络外部性理论研究第三方评级机构的增信失真问题，对互联网金融信息披露监管规则构建至关重要。

③行为经济学分析理论。从法律监管信息披露层面来讲，信息披露主体在法律规制下需公开信息，保障投资主体的知情权，但投资主体并非会依据公开信息做出理性决策，究其原因，投资主体在面对披露的信息时带有主观上的情绪认识，在环境因素、生理和心理共同作用下非理性因素可能会增加。因此，所谓信息披露能引导投资主体理性决策的逻辑就会出现偏差。尤其是我国互联网金融市场中大部分人对金融知识知之不详，甚至不懂，因为其以分散的个人投资主体为主，要求他们依靠信息披露做出理性选择从而形成有效市场，希望是微乎其微的。如果投资主体依据本身金融知识的有限性去做出投资决策，那么其会阻碍互联网平台的发展，因为"非认知信息"会失去

其市场价值。所以，研究投资主体的权益保护，不仅要考虑如何避免投资主体的错误决策，同时也要注意给互联网金融市场带来副作用的"非认知信息"。因此，运用行为经济学理论来分析和破解在投资活动中投资主体的非理性行为，对互联网金融信息披露监管规则构建至关重要。

④金融监管竞争理论。在我国互联网金融信息披露监管中，由于我国互联网金融市场的不成熟以及我国特有的行政混搭治理结构，导致我国在互联网金融发展过程中面临诸多利益冲突和体制上的障碍。我国互联网金融仍延续之前的分业监管体制，这与互联网金融具有的跨市场、跨地域及业务上的专业性、复杂性等特征不协调，导致形成了金融监管机构之间有利益抢着要、有问题都推卸责任的局面。因此，互联网金融业务的交叉性强、跨部门、跨行业等特征与分业监管体制有冲突。总之，由谁管，又怎样监管，目前互联网金融行业仍存在不规范及灰色地带，若未及时处理或处理不当，都有可能影响互联网金融的发展，从而影响金融创新和金融秩序的稳定。

本书运用以上四个理论对四大主体所面临的问题进行分析和破解，为互联网金融信息披露监管规则的构建提供理论支持。

# 第三章　互联网金融信息披露监管的特殊性及问题分析

## 一、互联网金融与传统金融信息披露的差异

### （一）互联网金融与传统金融的区别

#### 1. 互联网金融的形式创新

互联网金融是一种新型的金融业务模式，它随着互联网的迅速发展而不断创新，它的出现降低了企业交易成本，也进一步优化了资金融通功能。与传统金融不同的是，它直接面向金融消费者和小微投资主体，是以直接金融为核心的竞争型金融业态。互联网金融依托互联网技术的安全性和金融功能的组合，在学界，很多专业人士对这种组合结构褒贬不一，出现了很多争议性的观点，对它的概念及功能也存在不同的看法。我们要平衡这些观点，就要从整体性、协调性、系统性上科学把握并真正地了解互联网金融的内涵。而这就决定了互联网金融信息披露的规则设计与传统金融会存在不同，否则可能会影响甚至扼杀互联网金融的发展。

有学者指出"互联网金融"这一提法没有科学依据。它只是互联网和金融这两个词汇的简单组合，在内涵上并没有进行科学的把握。互联网呈现快速发展的态势，它的主要功能是通信、社交、网上贸易、云端化服务、资源的共享化、服务对象化等，金融是一系列要素的集合。这种说法就是说互联网金融是金融功能与互联网通信技术相融合而形成的一种金融形态。[1] 还有学者认为互联网金融是传统金融

---

[1]　戴险峰．"互联网金融"提法并不科学［J］．中国经济信息，2014（5）：22－23．

的进一步发展，利用互联网技术，优化了部分功能，没有从根本上进行创新。❶ 我们认为，互联网金融是金融领域的创新，它的出现具有跨时代的意义。它并不是表面上的互联网和金融的简单组合，而是传统金融依托互联网的云计算、网上交易支付等技术，适应新的需求而产生的新模式，具有"1 + 1 > 2"的整体效果。它改变了传统金融的交易模式，是互联网和传统金融的深度融合。它优化了互联网和传统金融的功能，有效降低了客户的交易成本，而且它具有操作方法便捷、计算迅速、透明度高等诸多优势。正因为如此，与传统金融比较而言，互联网金融信息披露的规则设计具有其自身的特殊性。

2. 互联网金融的价值和作用创新

互联网金融改变了传统金融的核心技术、信用分析技术、资产定价技术和风险管理技术，扩大了客户规模，降低了获客成本，等等。所以互联网金融具有重要的作用和价值，是一种全新的金融形态。

首先，互联网金融具有全新功能。

①节省时间，降低成本。它可以根据双方的要求在互联网上进行科学匹配，就这使双方很容易找到自己需求的产品或服务，提高交易的成功率；双方不再需要进行谈判、协商等一系列的业务往来，在很大程度上减轻了工作量，更加省时省力。

②服务群体范围广。借助互联网独特的优势，给一些偏远地区人群、低收入者及一些中小微企业提供了平台，在这种平台下，人们可以清楚地看到投资的去向，实现资金需求和供给需求的有效匹配。它还能给中小微企业解决融资难的问题，促进经济结构优化升级。

其次，互联网金融能够适应市场发展规律，有效解决传统金融无法解决的很多问题。

①区域时间方面。因互联网所跨地域广泛、信息透明、交易便捷，在交易的过程中也不会受到地域与时间的限制，能够有效地节省时间，再加上双方交易都是在网上匹配，这种模式削弱了信息不对称程度。❷

❶ 戴险峰. 互联网金融真伪 [J]. 财经，2014 (7)：28.

❷ E Fama. The Behavior of Stock Market prices [J]. Journal of Business, 1965 (46)：65 – 66.

②服务群体方面。互联网的覆盖范围广，人们大部分都掌握了这门技术，并且掌握的程度越来越熟练。尤其是 80 后、90 后等年轻的一代人，他们接受新事物能力强，对新的投融资方式情有独钟，也促使互联网金融的客户规模得到不断的扩大。

总而言之，互联网金融由于其不受区域界限的限制，大大降低了金融服务成本。在交易的范围上更宽广，不仅能够促进大中型企业的贸易往来，而且在零售、批发方面跟传统金融相比，也具有较大的竞争优势。尤其是现在人们越来越多地参与到形式各样的理财中，优势更加明显，深受人民群众的普遍欢迎。❶

不可否认的是，互联网金融作为一种新兴的产业，因为具有独特的优势，越来越多地影响着人们的经济活动，能有效地促进我国的金融机构改革。互联网金融并不是把"互联网"和"金融"两个词汇进行简单的组合，它是充分利用两者的优点，在此基础上优化升级，在深化金融改革的过程中，这种新的金融模式能够反映我国金融的多项指标，对改革具有重要意义。可以这样说，互联网金融是一项改革创新，这就要求互联网金融信息披露的规则设计与传统金融有一定的差异性，以免阻滞甚至扼杀这一金融创新。❷

## （二）互联网金融信息披露的特点

### 1. 信息披露的低成本性

互联网金融信息披露具有低成本性的特点。它利用互联网独特的优势条件，用数字化的方式在网络平台上发布各种信息，由于它不受地域和时间的限制，这种信息可以传递到世界上的任何一个角落，这种信息披露方式和传统纸质媒介的传播相比，大大提高了效率和节省了成本。投资主体也可以在任何时候任何地方进行投资，尤其是现在的一些年轻人，都能熟练地掌握移动终端设备的相关技术，不管是在上班的路上还是在回家的途中，只要有网络，就能在网络上投资理财

---

❶ 杨阳，张宇. 互联网金融在金融改革中的机遇与挑战——以阿里金融为例［J］. 时代金融，2014（5）：51－52.

❷ 刘宪权. 论互联网金融刑法规制的"两面性"［J］. 法学家，2014（5）：80－81.

产品、收发电子邮件等，既节省了时间又提高了工作效率。因此，互联网金融信息披露与传统金融信息披露相比，降低了信息披露的成本。

2. 信息披露的迅捷性

由于互联网金融信息披露不受地域和时间等因素的限制，它的信息能够迅速、准确地到达世界各地，投资主体利用网络这个平台可以了解到各种金融信息。比如，融资者在互联网金融平台上公布融资的去向，让投资主体清晰地知道他们的资金流向、有效地监督融资者的经营活动，从而保护了投资主体的合法利益。为了使资金得到规范合理的利用，融资者应该在互联网金融平台上及时公布企业的重大事件。互联网的迅捷性，使临时信息的公开有可能会实现实时性。

3. 信息披露的丰富性

通过互联网进行的信息披露，给交易双方都带来了大量的信息资源。与传统信息金融相比，在信息的丰富性上互联网金融有独特的优势。主要体现在以下两个方面：

①信息传播容量大。传统的金融信息披露一般都是通过纸质媒体、电视台、广播等媒介，有限的媒介只能容纳有限的资源，信息量受到了限制。互联网金融信息披露不受空间的限制，能够通过网络平台披露各种金融信息，能有效地让投资主体尽快找到与披露信息匹配的金融资源。

②信息直接性。传统的金融信息披露借助的是纸质媒介传播，人们通过看报纸、读杂志和书籍才能了解到相关信息，有被动性的特点。❶ 而现在人们手机不离手，也能够熟练掌握手机网络功能，互联网能够紧紧抓住人们的心理特征，利用网络进行信息披露，就能够带来大量的信息，投资人可以有效地利用这些信息进行投资。例如，投资主体在投资的过程中，面对琳琅满目的产品无法进行选择，搜集相关信息比较烦琐，而互联网信息披露就能解决这个难题。投资主体利

---

❶ 武俊桥．证券信息网络披露监管法律制度研究［D］．武汉：武汉大学，2010：17－20.

用网络的便捷性，使用搜索引擎在互联网金融平台获取相关信息，找到与自己匹配的资源（第一手资料），通过研究、分析第一手资料，做出明智的选择。

4. 信息披露的超链接性

"超链接"是互联网金融信息披露所特有的，它以特殊的文本或图片来实现超链接。与传统金融信息披露相比，网站的发起人、公告栏、新闻组等可以在互联网允许的范围内建立"超链接"。互联网信息披露是将与它相关的网页、网页上不同的位置或站点之间进行链接，这样读者在看到自己需要的网页时，与网页内容相关的信息资源也全部呈现在面前，读者可以根据需要点击链接，也可以在各个网页之间快速地移动，找到自己需要的信息。超链接超越了传统金融的信息披露，是纸质媒介无法达到的。它还可以把全世界的各种相关图片、声音、视频纳入到一个文件里，实现超链接之间动态性的转化。例如，我们把鼠标移动在某段文字链接上，我们就可以额外地获得与文字相关的某个字或某个词组的含义。互联网金融信息披露的超链接性，给双方带来了很大的便利，它可以实现从一个网页指向一个目标链接，而这个超链接对象可以是文字也可以是图片，非常形象。信息披露的超链接性大大提高了双方通信的效率。同时，投资主体可以更方便获取有关融资人和互联网金融平台的信息。

可见，互联网金融在形式、价值和作用等方面都与传统金融有本质上的差异，并且互联网金融的互联网化使互联网金融的信息披露具有低成本性、迅捷性、丰富性以及超链接等特点。互联网金融信息披露具有的这些特点，给对其进行信息披露监管也带来了更大的挑战。

## 二、信息披露主体的规避问题

相对于传统金融而言，互联网金融信息披露监管相关主体、对象和风险影响程度等方面均与传统金融有较大差异。本章从信息披露主体的规避问题、信用中介主体的增信失真问题、投资主体非理性和救济能力不足问题以及监管主体多头监管问题等主体存在的困境，梳理互联网金融信息披露监管中的特殊性。

## （一）信息披露主体的披露动机

人们往往把导致市场失灵的原因归结为信息披露主体内部信息的不对称性。这可能会致使信息披露监管被引入法律一线监管领域。而信息披露监管规则的意义是避免市场失灵、抑制金融市场的欺诈行为，通过透明化、公开、公正的监管手段使市场达到最佳的运行状态。如果依然按照传统理论的路径探索，我们对互联网金融信息的披露研究，很容易陷入"全面信息披露"的盲区。信息披露促进融资、促进市场资源配置机制发挥，这是互联网金融信息披露监管规则背后的法律哲学。信息披露具有促进交易的作用，因此融资人和互联网金融平台才有进行信息披露的动机。那么我们不得不考虑一个问题，信息披露主体披露信息的动机是什么？

信息披露主体披露信息的动机包括：

第一，信息披露能够增加交易收益。从理论上分析，互联网金融披露主体自愿披露信息的前提是其披露信息后带来的期望边际收益超过期望的边际成本。期望边际收益是指在生产的过程中每增加一个销量所增加的收益值，包括声誉、可信度、监管部门的优惠待遇等。期望边际成本是指变动生产要素所增加的费用，包括向竞争对手发布不当信息、向评级用户发布不当信息、增加诉讼的可能性等。

第二，投资主体与融资者重复博弈的过程中，欺诈的存在会降低投资主体需求，一个欺诈概率频发的平台在周知后声誉会受损，从而失去很多的投资主体。但是，很难通过信息披露监管规则将金融平台剥离其本来的属性，信息披露在某种程度上反而起着帮助其进行金融欺诈行为的作用。❶ 信息披露虽然消除了互联网金融平台及融资者的信息优势，但鉴于互联网金融的特点，信息披露主要是为了吸引投资主体，公开大量的信息，并没有给投资主体带来更大的收益，也没有让市场变得更大、更强。与此同时，过多的信息披露会给互联网平台带来不利的影响。经济学实证表明，互联网信息披露因为具有传统信

---

❶ 陈燕，李晏墅，李勇．声誉机制与金融信用缺失的治理［J］．中国工业经济，2005（8）：75－76．

息披露没有的便捷性、快速性，能给双方节省大量的时间，提高交易的效率，促进双方更好的合作。❶ 这充分说明信息披露主体在进行信息披露时，反映了监管机制背后的监管哲学。

（二）信息披露主体的违规行为表现

信息披露是投资主体与融资主体进行沟通的桥梁，投资主体从中可获取相关重要信息，作为其投资决策的依据来源。所以，信息披露的真实、准确、完整至关重要，投资主体能够及时、准确、全面地获取信息，从而使投资主体在最大程度上获得利润空间。我国互联网金融市场的信息披露还存在诸如虚假记载、误导性陈述或者重大遗漏的表现形式。其实，这些形式在不同的金融市场从 1993 年至今就不同程度地存在着，同时被很多法律条文记载下来。

虚假记载是信息披露人故意违反相关的法律法规、故意捏造事实且虚构描述相关信息，或者是陈述事实时有误导性的陈述，从而让投资人不能了解真实情况、对相关信息做出错误的判断。它能发布错误的信息，进而给投资主体带来"利好"的消息。市场中的虚假记载基于双方的信息不对称，所以投资主体很难获得真实和完整的信息。❷ 由于这种信息的不对称性，投资主体对信息的完整性不能从整体上把握，就可能会出现虚假的信息，投资主体就可能把资金注入虚假信息宣传的平台，而真正的规范性平台却得不到投资主体的资金。与此同时，投资主体基于这样的虚假信息，很难在投资中获得合理的回报，资源在市场中也得不到合理的配置。而根据有效市场假说理论在一个信息绝对公平公开的环境中，任何发行人都无法从平等信息资源中获取超额利润，虚假信息行为可能打破这种平衡，使发布信息者从中获得不属于合理利润的机会，从而扰乱市场生态系统，这是法律所禁止的。❸

❶ Ben – Shahar, E Scheider. The Futility of Cost – Benefit Analysis in Financial Disclosure Regulation [J]. Journal of Legal Studies, 2014 (43): 253.

❷ B Greenwald, E Stiglitz. Asymmetric Information and the New Theory of the Firm: Financial Constrains and Risk Behavior [J]. American Economic Review, 1990 (80): 160 – 166.

❸ E Fama. The Behavior of Stock Market Prices [J]. Journal of Business, 1965 (46): 65 – 66.

误导性陈述与虚假记载有很多的共同点。误导性陈述是行为人在披露信息的过程中不是故意制造虚假信息，但是它的表述存在着误导性的语言，给投资主体传递错误的信息，让投资主体对信息做出错误的判断，其主要表现形式有语义模糊或晦涩型、预测失实型、以偏概全型、矫枉过正型四种，也可以理解为信息传递不到位，人们对信息的理解有误差。误导性陈述大部分存在于中小微平台，在大平台很少出现，主要原因有两点：第一，大平台群众信任度高，如果发生误导性的行为，失去客户的信任，它会付出更高的代价；第二，大平台业务多，积累了大量的实践经验，在出现危机时，能够有紧急预案来保障，能够有效挽回损失，提高在公众中的社会形象。

重大遗漏是信息披露违规的另一种表现形式。是指行为人在交易活动中遗漏了关键性的数据，让人们在整体认识上出现了偏差，影响了人们对信息的整体判断。遗漏的主要表现形式有两种：一是部分遗漏。行为人在披露相关信息时，只公开了一部分，没有从整体上对信息进行陈述，影响了信息的完整性。二是全部遗漏。对相关信息没有做任何陈述。❶

对是否属于全部遗漏，一般有两个标准：一是"重大性"标准。在 SEC 表述为一个正常谨慎的人，在购买行为发生前就被告知信息，然后又变成一个理性的投资主体对决定是否购买该产品产生的实质性影响。在 Escoot v. Barchris 案中，Mclean 法官引用一则英国判例对重大性做了更为精确的解释："如果披露主体对此种信息进行了披露，将会阻止或通常状态下会倾向于阻止一个谨慎的投资主体购买金融产品。"二是信赖关系。信息披露的遗漏使投资主体在依赖信息缺失的情况下做出投资决策。

互联网金融信息披露中的信息披露主体为了促进融资，使效益最大化的具体违规表现比较突出，具体来说，有以下四种。

1. 信息虚假记载及盈余管理问题

为了有效提高平台的良好形象，吸引更多的投资主体入驻平台。

---

❶ 郭峰. 虚假陈述侵权的认定及赔偿［J］. 中国法学，2003（2）：96-97.

互联网金融平台往往会通过虚假陈述使平台的财务状况、资金流向、经营成果不真实地展现在人们面前，进而让投资主体把越来越多的资金都注入这个平台，出现了虚假繁荣的景象。以下四个方面是虚假记载的主要表现形式：一是"美化"包装。采用形式多样的手段进行再"包装"，一般不能看透平台的本质。二是利润时间截止问题。有一些互联网平台为了掩饰亏损的状况，不得不拿上一年度的数据滥竽充数。三是资金使用的用途披露不实。有一些互联网平台不能准确地反映资金的流向，让投资主体对真实情况摸不透。四是即便是信息披露保证了其真实性，但并不说明所披露的信息是准确的。很多互联网金融平台经常会对其信息含糊其辞或不做详细的说明。

盈余管理是指互联网金融平台的工作人员在财务报表中，虽然没有违反相关的法律法规，但是为了使经营活动看起来非常繁荣，它对相关的内容进行了"美化"，财务报表被"美化"后，投资主体不能看出真实的业绩，在很大程度上对投资主体的投资进行了错误的引导，让投资主体做出了错误的判断，影响了投资主体的利益。互联网金融平台进行盈余管理的结果是：造成经营业绩不符合实际，给投资主体带来一定的经济利益损失。在我国，互联网金融平台进行盈余管理的现象十分普遍。

2. 信息不完整披露及延迟披露问题

在我国，互联网金融发展速度非常快，这种快速发展的背后也存在很多不容忽视的问题。互联网金融还表现出了信息延迟披露和信息不完整披露的问题。

信息不完整披露问题。信息的完整性包括所有与信息使用者息息相关的信息，信息的完整性直接影响双方信息的差异、影响双方交易的完成，甚至有可能引发法律纠纷。互联网金融信息的不完整披露主要表现在平台的选择性信息披露上。互联网信息披露不能满足整体性的要求，使信息的完整性大打折扣。选择性信息披露，指的是互联网金融平台有重点地对信息进行披露。互联网金融平台进行信息披露的目的都是希望能够给平台带来较大的利润空间，因此平台管理层会在信息披露过程中故意选择好的信息进行披露。

信息延迟披露。互联网延迟披露是对目前存在的问题通过定期或者临时的报告公布相关信息。临时性的报告往往具有滞后性，不能及时让投资主体了解到相关的信息，给投资主体造成了一定的损失。

3. 误导性的投资建议

平台的信息披露行为具有重要的引导作用，其所提供的信息将会产生两个作用，一是所提供的信息构成投资建议，二是该投资建议具有误导性。误导性的认定，在于信息与实际情况不相符。如在风险提示上平台为提高融资成功率，刻意回避部分风险信息，而过分夸大项目的市场前景、行业竞争力等，导致投资者陷入错误决策。❶ 只要带有评价色彩的信息，平台就应该在披露前进行实质审核，进而做出自己的判断。即使是由于过失未发现信息错误，也不能成为其免责的理由。但事实是平台与融资者可能是恶意串通，平台和融资者是融资过程中的信息优势方，如果双方通过事先串通披露虚假信息以诱导投资者，投资主体所掌握的信息本身就比较有限，主要依靠平台和融资者提供的信息，加之草根投资主体本身专业知识和经验的缺乏，一旦平台和融资者恶意串通披露误导性信息，那么其所导致的金融风险和市场混乱势必会非常严重。如36氪众筹平台2016年向投资主体推荐的新三板项目"宏力能源"，平台公开的财务报告信息，与2015年末启动定增时的数据存在巨大差异，并且虚构融资者资产及盈亏状况。

4. 平台遗漏重大信息

信息披露的重要质量表现之一就是完整性及全面性。平台必须不得有任何遗漏和缺失地披露应该公开的信息。事实上平台往往把披露信息当作自己额外的负担，有意无意地夸大事实和隐瞒事实来误导、欺骗投资主体，同时披露积极信息而避开负面信息。信息遗漏的具体表现有：平台故意遗漏；融资者刻意隐瞒，平台无法获得有效信息而遗漏披露；也可能由融资者进行披露，平台却在审核过程中不够细致而遗漏等情况。如北京某平台未公开重大人事变动，由于核心业务人

---

❶ 何欣奕. 股权众筹监管制度的本土化法律思考——以股权众筹平台为中心的观察 [J]. 法律适用，2015（3）：12 – 17.

员变动，最终导致股权变动，资本减少。投资主体主要通过平台获取信息，对信息进行综合分析从而决定是否投资。实践中不乏有些平台出于维护利益的考虑，存在故意遗漏或者隐瞒各种重大信息的情况。所以如果平台遗漏了重要信息，即使已经披露的信息具有真实性，仍然会造成投资者经济利益的损失。

### （三）互联网金融的超链接使信息披露合法化

超链接，简单地来讲，就是内容的链接。人们在读网页时，可以很容易地从一个网站进入到另一个网站，通过某一段文字或者某一段标题，点击链接直接进入，或者是词组上的相似，或者是内容上的相似。不适当的超链接是监管者面临的主要问题，因为有的超链接是在不合法的范围内，而它恰恰又是通过合法的链接进来的。例如，我们在读取某段文章时，通过一个链接进入另一个网站，而这个网站可能包含不合法的内容，但是我们无从查起。互联网金融信息披露主体也可能引导我们进入另一个网站，我们凭借对该平台的信任，在不了解实情的情况下利用了超链接网站的信息，这里面就可能包含不合法的内容。由此可以看出，互联网金融对超链接监管的重点是信息披露主体能否为第三者网站承担责任。

### （四）信息披露主体金融欺诈实证分析

网络借贷市场蓬勃发展的同时，暴露出巨大的风险。目前来看，网络借贷市场缺乏有效监管，平台间竞争日趋激烈，平台风控意识淡薄、经营信息不透明、从业人员不专业、网络技术存在安全隐患，再加上部分参与者动机不纯，越来越多的平台出现提现困难、停业、跑路、经侦介入等问题。网络借贷中全部停业及问题平台从 2011 年的 10 家一跃增长到 2016 年的 1810 家，出现的主要问题是提现困难、停业和跑路等违约欺诈。[1] 2013—2017 年网络借贷平台违约欺诈概况，见表 3 – 1。[2]

---

❶ 新浪网. 互联网金融监管全梳理 [OL]. [2017 – 11 – 20]. http：//finance. sina. com. cn/money/bond/20170309/133126116280. shtml.

❷ 数据来源：网贷之家。

表 3 – 1　2013—2017 年网络借贷平台违约欺诈概况　　单位：家

| 年份 | 停业平台 | 提现困难平台 | 跑路平台 | 总计 |
|------|---------|-------------|---------|------|
| 2013 | 6 | 62 | 6 | 74 |
| 2014 | 122 | 118 | 559 | 799 |
| 2015 | 162 | 339 | 608 | 1109 |
| 2016 | 1215 | 177 | 418 | 1810 |
| 2017 | 373 | 151 | 62 | 586 |

　　如表 3 – 1 所示，2013 年停业 6 家，提现困难 62 家，跑路 6 家，总计 74 家；2014 年停业 122 家，提现困难 118 家，跑路 559 家，总计 799 家；2015 年停业 162 家，提现困难 339 家，跑路 608 家，总计 1109 家；2016 年停业 1215 家，提现困难 177 家，跑路 418 家，总计 1810 家；2017 年停业 373 家，提现困难 151 家，跑路 62 家，总计 586 家。通过比较，可以发现 2016 年停业及问题平台件数最多，但 2015 年的跑路事件比 2016 年多。从数据可见，2013 年至 2016 年停业及问题平台件数不断增多，尤其 2016 年达到最高峰。对依托于互联网发展的平台来说，信息不对称、信息披露不到位问题严重无疑是导致众多平台出现问题的重要原因。2017 年停业、提现困难、跑路事件都急剧减少，表明互联网金融监管的政策在不断继续强化，各地相关监管文件出台之后，中央政府和地方政府携手共同整治互联网金融管理乱象，规范各地政策，2017 年是互联网金融的规范年。金融欺诈的成本越来越高，这是互联网金融领域违法乱纪现象减少的直接原因。同时，信息公开制度对于目前整个金融市场的发展都表现出了极大的促进作用，金融管理方面要始终以抵制欺诈现象、保障信息公开为根本目标。目前在我国互联网金融市场，严重违反法律法规的现象存在于信息披露当中。

　　信息披露质量的准则有真实性、准确性、及时性以及完整性四个方面。信息披露时要求不得出现弄虚作假现象。保证信息披露过程中的真实性。只有这样，才能够确保相关部门对交易进行真实准确的反应。按照法律条文，信息披露的真实性指的是当事人要如实准确地公开信息、不得弄虚作假，要与客观实际相符合。[1] 及时性指的是信息披露过程中一定要在规定的时间内完成相应的任务，同时保证信息质量。准确性指的是在信息披露过程中，不仅要真实、迅速，还应该保证所获取的信息与实际情况相符合，而且要准确清晰，不能出现大的误差。完整性指的是在信息披露过程中要全面完整地反映事件的经过，不得断章取义，也不得以偏概全，对所获取的信息进行清晰完整的论述。完整性原则要求信息披露时不能忽略任何一个重要的细节。[2] 但在互联网金融信息披露过程中暴露的几个主要问题是信息披露不真实（弄虚作假）、不完整、不准确等，这些问题十分严重，导致金融欺诈事件频繁出现。

（五）信息披露主体出现规避的原因分析

1. 互联网金融信息披露的易篡改性、隐蔽性

互联网信息传递本身具有时效性，但也易被篡改，投资主体所依赖的投资决策信息可能被篡改或删除，这些相关文件投资主体和监管机构往往没有及时下载和保存，一旦发生争议，很难收集信息披露义务人违反信息披露法律法规的相关证据，这对金融监管者以及投资主体追究信息披露者责任来讲十分不利。通过纸质信息披露的文件相应内容很难进行任意改动。这种做法不仅是法律文件的限制，也是金融监管条文的制约。互联网金融信息披露因本身的易篡改性和传递的即时性，可能会使投资主体进行决策的信息受到改动甚至直接被删除，这样的条件直接引发了互联网金融市场的动荡。与此同时，也给监管者的取证带来了难题。例如，当网站出现信息不正确及证据有误时，相关人员可以迅速删除或者改动，这样一来对监管者来说，很难管理到位，而且十分麻烦。产生这种现象的根本原因在于金融信息披露主体对其披露的信息可以任意改动或者删除。再者，在网络上进行信息披露时，部分信息是通过超链接跳转到第三方网站，但第三方网站又很可能会发生变动。最后，一个关键点在于第三方在网站可以对信息

---

[1] 郝旭光，黄人杰. 信息披露监管问题研究 [J]. 财经科学，2014 (11)：42-43.
[2] 彭冰. 中国证券法 [M]. 北京：高等教育出版社，2010：181.

披露主体所披露的信息进行添加或删减。

互联网金融信息披露时常常受到改动，这种现象给金融业带来了巨大的不利影响。首先是监管困难。本来应该在金融监管机构进行登记的一些信息，登记后对于出现的变动的认定以及取证有很大的困难。在传统的纸质信息披露文件中，由于本身的不易变动性使信息披露义务人进行信息披露之后，相应的文件就不再产生变动。而目前的金融信息网络披露方式使披露信息可以被随意变动，而监管机构对于信息变动的调查有很大的难度，在追究相关人员的责任时，目前面临着巨大的困难，其困难程度可想而知。其次是当对信息披露义务人是否违反法律进行判定时，所规定的义务要求是否可执行。当存在弄虚作假等现象时，会给信息披露的准确性带来极大的不利影响。信息披露网络化给监管带来了巨大的困难。最后，互联网金融信息披露文件中所存在的"超链接"，从某种程度来讲确实给信息披露义务人带来了很大的便利，同时也给投资主体创造了良好的环境，然而这种模式对监管部门来讲是一个沉重的负担。由于信息披露过程中的超链接可以直接跳转到第三方网站，对第三方网站的监控疏忽时，就可能会产生严重的信息安全问题。当监管部门追究责任时，承担责任的主体认定就会出现混乱，因为在我国目前的法律文件中对这方面的责任判定十分模糊。如果非法机构在没有经过任何有关部门批准的情况下，随意发送含有监管机构主页的超链接，人们通常会认为超链接受到监管机构的监管，然而实际上却没有。此外，超链接的存在还会产生以下问题。当一个网页中存在超链接时，其所含有的信息应该被当前网页所属的站点同意。而超链接的指向是在未通知信息披露义务人的情况下进行的。当超链接内容被篡改时，投资主体的利益可能会因此受到损失。在网络安全的基础之上，网络黑客可能会对金融机构所披露的信息进行篡改，达到非法目的。网络安全是互联网金融信息披露所必须面对的监管难题，网络黑客的存在使网络信息披露义务人以及监管机构的利益可能受到损失，因此需要进行必要的安全防护，防治不法分子对金融机构的信息进行变动，实现其不良目的。

2. 互联网金融信息披露证据的搜集和认定困难

传统金融的信息披露，基于纸质文件的固定性和法定性，信息披露者对信息披露义务是否全面而完整地了解、对金融欺诈情况是否熟知，以及面临刑事处罚时是否应该负相应的民事责任，可以让监管部门和投资主体做出合理抉择，对信息披露文件的搜集与认定也会较顺利和方便。互联网金融信息在网络上被篡改，使监管部门以及投资主体在进行证据搜集和认定时遇到了很大的困难。因为融资者与互联网金融平台可以利用网络平台进行信息披露，这种方式具有瞬时性以及易改动性，所以会导致监管部门以及投资主体有可能不能及时有效地保存相关文件的信息，而当发生争执时，监管部门和投资主体就有可能不能及时地提供信息披露者披露信息的证据。例如，在融资者进行虚假陈述之后，把披露的信息随意更改，这种行为对于金融机构以及投资主体追究信息披露者的责任有很大的阻碍。同时，有一些并不正式的信息披露，监管部门以及投资主体保存这些信息可能会侵犯到个人信息。融资者及互联网金融平台通过网络进行信息披露时，会采用网站、BBS、电子邮件等各种形式，这些形式的信息披露只有一部分可以以文件的形式打印出来，有些内容不能通过打印形成纸质文件，只能以视频音频方式存在，监管部门以及投资主体将这些内容作为证据迫使违法人承担相应责任时，监管部门以及投资主体要确认证据的真实性、准确性以及客观性的难度较大。同时对网站、电子邮件等内容的属性问题存在着巨大争议。例如，对电子邮件归属于书、证还是视听资料目前还没有统一的意见，在诉讼法中，认为电子邮件应该归属于视听资料的范畴，根本原因在于它具有可读性，同时具有可视性。我国法律将电子邮件划分为书面形式，即把电子邮件当作书、证看待，然而这种方式可能会使原件与副本之间出现法律矛盾。电子邮件容易被改动，具有不确定性。

综上所述，可以归纳出以下三点原因：一是互联网金融信息披露主体的信息披露义务缺少必要的法律基础，也没有进行严格的监管；二是互联网金融监管部门在履行职责时很模糊，使金融部门出现了弄虚作假的现象；三是互联网消费者的证据搜索比传统金融的纸质文件困难，导致私力救济或公力救济都很难实施。

3. 互联网金融信息披露主体的信息披露责任监管规则缺失

目前，我国立法对互联网金融领域违反信息披露义务的惩罚措施有：在《互联网保险业务监管暂行办法》中规定终止合作或限期改正、全行业通报。《非金融机构支付服务管理办法》中规定罚款和限期改正。在《网络借贷信息中介机构业务活动管理暂行办法》第七章第四十条规定了网贷中介机构违反法律法规规定需要承担的法律责任是监管谈话、出具警示函、责令改正、通报披露、计入诚信档案等，网络借贷平台不披露信息所承担法律后果较低，不足以震慑平台积极实施信息披露。虽然网贷平台的信息披露情况是其备案的必要条件，但备案只是平台获得合法资格的途径，对备案后的平台后续信息披露强制力不足。可见，目前互联网金融对消费者保护在信息披露上还未在法律责任上规定民事法律责任，在惩罚性监管规则上也没有体现出倾斜性保护，大多是宣示性条款。可见，现有的互联网金融信息披露责任监管规则不能有效阻吓互联网金融信息披露中，信息披露主体从事信息披露违规行为。对信息披露主体而言的守信收益较低，而失信的收益较高。所以，从层次上以及法律角度来看，在追究行为主体的责任时应当建立相应的处罚机制，从而提升金融欺诈的违法成本。通过监管制度的补充与完善来提高互联网金融披露主体的金融欺诈成本。

但是对于互联网金融市场这种新生事物应该根据它的特定性质实行不同的有法律约束的信息披露机制，同时应该明确每一个信息披露者应当承担的法律责任以及得到的法律约束机制的管制。现阶段，信息披露责任的规定方面还存在很多不足之处。例如，我国目前的股权众筹平台信息披露方面，缺乏有机统一的信息披露责任承担管理规定。责任承担包含以下三种形式，民事责任、行政责任以及刑事责任。在股权众筹平台信息披露责任的监管方面，每一个责任形式都发挥着很重要的作用。然而，不论是哪一种责任都不能完全地满足实际需要，所以需要三个责任形式共同发挥作用，使股权众筹平台能够更加高效地进行信息披露。据此可以看出，当进行股权众筹平台信息披露时，我国应该明确规定承担责任的主体，只有这样才能更好地对股权众筹进行法律管束。目前人们对信息披露责任的承担缺乏相应的认知，这对股权众筹平台的发展具有很严重的阻碍作用。这就使信息披露时的股权众筹受到很大影响。欧美发达国家对违规信息披露的处罚力度远远超过我国，这也是我国互联网平台常常铤而走险触碰法律的主要原因。在这种严峻的情况下，投资主体的利益也会受到不利影响，进而阻碍整个互联网金融市场的发展。

在行政、刑事责任追究方面，应根据国家行政、刑事相关法律条款的有关规定进行刑事责任追究工作。其中具体的法律责任追究包括对平台加以罚款处理、没收非法所得、没收非法财产等并对其实施限期整改的处理，违法行为严重者则面临暂时性关停，以及暂扣或吊销相关营业执照的处理。同时要对与事件有关且负有直接责任的董事、监事等管理人员给予警告、罚款、行政拘留等处理；若情节较为严重，则涉案人员将面临禁止从事互联网借贷行业等处罚；而若事件达到追究当事人刑事责任的程度，则应将其转交给相关刑事机构对其进行刑事责任方面的追究。

4. 互联网金融信息披露主体奉行"先圈客户再圈钱"理念

以违反相关规定的欺诈处罚为例，对于旨在跑马圈地而不惜自身利益亏损的网上金融披露主体来说，对其实行警告以及罚款的处理并不能对其产生很好的威慑效果。而从目前情况来看，金融监管相关部门对互联网方面的违约违规与违法事件的处理措施主要有警告和罚款两种。而对于互联网金融机构来说，其具有跑马圈地的动机，故其具有较高的违约可能，其为此动机不惜损害自身利益，自然会对有关部门的罚款和警告处理有一定程度的无视。如"e 租宝"事件非法融资500 亿元、空中巴士骗局、一元购骗局、中晋事件，以及最近刚爆料的"IGOFX"外汇骗局案，等等。总的来说，罚款对其只是"无伤大雅"的处理，会被其一定程度的无视，无法对其产生一定的警示作用，这种违约违规与违法的处理所需要的成本在互联网信息披露违约违规与违法的披露主体看来根本是不值一提的，其理念主要为"圈客户就是圈钱"。相关部门的警告、罚款等处理都是在其违约违规与违约事件发生之后进行的责任追究处理，这对互联网金融披露主体来说，其"圈客户"的目的已经实现，通过误导等不正当手段吸引的客户群体的资金已经被其收入囊中，对于投资主体而言，事件已经发生。而警告以及不够巨大的罚款处理所带来的效果实在是微乎其微。

总之，信息披露主体的规避行为是政府和市场失效的体现。一是互联网金融信息披露主体的信息披露义务相关的法律条例和具体的监管系统还有待进一步完善；二是互联网金融监管相关部门的监管责任分布并不明确，导致了互联网金融披露主体故意泄露虚假信息的行为发生；三是互联网金融信息披露的证据搜集比传统金融的纸质文件困难，导致投资主体私力救济或公力救济都很难实施；四是从违约违规与违法欺诈处罚而言，对于奉行"先圈客户再圈钱"的互联网金融信息披露主体来说，警告、罚款的处罚措施无法起到足够的威慑作用。因此，从刑事责任追究上建立与完善欺诈行为方面的处理系统，使违约违规与违法所带来的处理真正被各互联网金融披露主体所重视，提升违约违规与违法成本，通过规则的补充和系统的完善来提高互联网金融披露主体的金融欺诈成本。

### 三、信用中介主体的增信失真问题

信用是支撑平台发展的基石。信用增级（也称信用增进）是指互联网金融平台通过依托不属于平台的正式和非正式的第三方评级机构，对其自身信用水平加以提高和改善的行为过程。互联网金融平台属于现代社会近些年来受到互联网影响的由金融工具创新产生的创新产物。自从其正式进入金融市场以来，一直便作为金融创新方面的新型组织代表而备受人们关注。●

具体而言，信用增级的重要性体现在以下三个方面。

①它和传统的金融机构具有相同的特质，那便是同为信用的载体，两者之间的不同之处在于由于前者向市场所推出的金融工具产生时间不长，导致信用级别一般处于较低的水平，若想得到客户的认

---

● 聂飞舟. 信用评级机构法律监管研究——美国法的考察和中国借鉴［D］. 上海：华东政法大学，2011：32-33.

可，尤其是得到为其提供资金的供给方的认可还需要时间的积累。并且从长远角度来说，未来互联网金融平台还要进行工具的创新工作，创新便需要大量的资金作为后盾，所以信用增级是十分重要的，其十分依赖通过信用增级来获取客户的信任。

②信用背书方面具有明显的先天不足，与传统的信用中介相比，互联网金融平台并不具有国家的信用背书，并且其在自身信用水平、风险抵御水平、内部控制系统方面均与传统金融机构有相当大的差距，所以在短期内无法达到与传统金融相提并论的程度。这就有可能导致若经营者经营不善，极易发生各种潜在风险，从而使各方利益受到一定程度的损害。另外，由于信用背书方面的先天不足和现阶段社会信用环境的不乐观，互联网金融平台会在极大限度上向机会主义行为靠拢，加上其风险和机会并存的特性，可能会导致一定程度的信任危机，最终对整个互联网金融行业产生负面影响。互联网金融平台若想使信用不足的先天缺陷得到改善，通过有效的信用增级才能达到。

③信任危机在互联网金融行业中主要存在于以 P2P 为代表的互联网平台中。中国 P2P 发展情况，如图 3-1 所示。❶

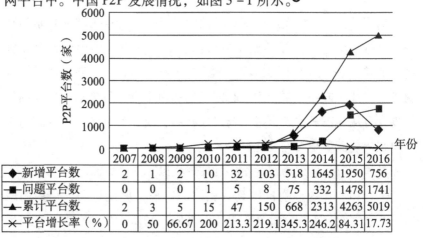

| | 2007 | 2008 | 2009 | 2010 | 2011 | 2012 | 2013 | 2014 | 2015 | 2016 |
|---|---|---|---|---|---|---|---|---|---|---|
| ◆新增平台数 | 2 | 1 | 2 | 10 | 32 | 103 | 518 | 1645 | 1950 | 756 |
| ■问题平台数 | 0 | 0 | 0 | 1 | 5 | 8 | 75 | 332 | 1478 | 1741 |
| ▲累计平台数 | 2 | 3 | 5 | 15 | 47 | 150 | 668 | 2313 | 4263 | 5019 |
| ✕平台增长率（%） | 0 | 50 | 66.67 | 200 | 213.3 | 219.1 | 345.3 | 246.2 | 84.31 | 17.73 |

图 3-1  中国 P2P 平台发展历程（2007—2016 年）

---

❶ 数据来源：零壹数据。

根据图 3 - 1 所显示的我国 P2P 互联网平台近十年的发展历程来看，从 2010 年首次出现 1 个问题平台，到六年之后的 2016 年一年内出现 1741 个问题平台，短短六年时间，问题平台的增长速度令人心惊，其中无法提现、非法集资、洗钱、携款潜逃等平台常见问题在我国传统金融机构中出现次数却极其稀少。虽然从 2015 年以来，与互联网金融平台相关的监管规定和法律条例出台工作相继完成，有关部门也纷纷表示有关政策将被明确贯彻落实，但公众普遍依旧对其不抱有太大信心，对互联网金融平台依旧持观望态度。互联网金融平台只有通过合理的信用增级工作才能逐渐赢得客户的信任并获得更好的发展。

## （一）信用中介主体的增信价值

### 1. 信用评级及其性质

朱荣恩等人在《资信评级》中认为信用评级是由独立机构或部门，采用一整套科学的综合分析和评价方法，在公正、独立和客观的原则下，收集相关信息，对经济主体或金融工具的按时偿还债务能力和意愿等进行评价。[❶] 可见信用评级具有以下性质。首先，信用评级具有预测性。信用评级机构对获知受评对象的当前经营水平、财务状况、外部竞争等指标，对其未来的信用风险水平进行前瞻性的判断。其次，评级结果的真实性。评级机构对受评对象主动提供的定性和定量数据通过尽职调查和现场调查时收集的信息进行验证，从而保证所得信息的准确性。最后，信用评级的目的性。评级机构对受评对象的信用品质和还款能力评价的目的是揭示受评对象的信用风险。

### 2. 信用评级的增信价值

格林斯潘曾说一个上市公司促使自己重新审视自身商业行为，进行积极调整往往是公司的信用等级被下调的时候，市场中的投资者在公司信用最好时购买其股票。[❷] 具体到互联网金融领域，对平台的信

---

❶ 朱荣恩. 资信评级［M］. 上海：上海财经大学出版社，2006：16 - 19.

❷ 杨柯. 衍生品风险和市场规则：上——格林斯潘在 2003 年银行结构和竞争会议上的讲话［N］. 中国证券报，2003 - 05 - 20.

用评级进行判断对其会起到制约作用，也可以为投资者增加有效信息供给，从而进行投资决策。信用等级不仅能降低投资者的选择成本，而且能使投资者获得直观地选择平台的投资标准。中国人民银行（2006）将信用评级机构定义为依法设立的从事信用评级业务的社会中介机构。彭秀坤（2012）认为评级机构是专门提供信用风险、信用品质或信用可靠性等有关信用信息的信用服务商。Cantor 和 Packer（1995）认为评级机构是私有和营利性的公司，其主要职责为对受评对象进行信用价值的评估。❶ 因此，信用评级机构是为市场提供信用评级服务。信用评级机构的评级结果具有可信性的两个条件是评级机构的专业性和独立性。一是专业性。人才队伍中要有知识及经验丰富的专家团队；另外其评级体系要完善且成熟，从而保证信用评级的可靠性。二是独立性。为保证评级结果的公正、可信，信用评级机构必须是第三方，其能独立对受评对象进行信用评估。

第三方评级机构的实质价值是形成有效的"第三方认证"作用，通过信用评级传递信息披露主体关于声誉的有效信号，良好的评级有助于在客户中树立良好口碑，获得客户的信任和口碑，就可以形成广告效应，提高获客能力。同时，信用评级机构可以减少投资主体与信息披露主体之间的信息不对称，特别是对那些非专业投资主体。但上述内容的前提都是要建立在第三方评级机构的信用等级评定的真实性、准确性和客观性基础之上的。

我国现阶段对互联网金融行业进行评级的评级机构对各平台及其融资者的评级涉及面过于狭隘且其系统仍需完善。如大公信用数据公司于 2016 年年初发布了两百余个互联网平台"黑名单"和六百余个"预警名单"，名单主要分布在我国的各大经济区如上海、广东、浙江等地，随着评级结果的公布，网络上的质疑也随之而来。质疑主要是关于评价依据、方法、数据真实性等方面，评级结果的真实性受到怀疑，难以成为投资主体作为投资决策的一个良好参考系数。

---

❶ Cantor，Packer. Sovereign Credit Ratings［J］. Current Issues in Ecenomics and Finance，1995：39－52.

现阶段我国的行业评级工作主要由监管机构评级和第三方机构评级两种形式构成。其中前者主要由相关监管部门进行评级工作，如银监会对各大商业银行进行的相关监管评级工作，而后者则由独立的第三方评级机构进行评级工作。目前，已经有机构自发开展了对互联网金融平台的评级工作，但其评级方法、指标、依据、结果等缺乏统一性与权威性，评级结果失真现象严重。

## （二）互联网金融信用中介主体评级失真表现

当前，我国互联网金融第三方评级机构存在的评级失真行为表现有：虚假的信用等级结果引诱投资主体参与投资；第三方评级机构的评级信息标准、格式、要素"与众不同"；评级机构信息披露的信息内容不足，导致信用评级失真。

### 1. 信用等级结果的虚假现象

评级机构之间无法达到良性竞争带来信息噪音。经过众多学者的研究发现，在垄断状态下，评级机构并不愿意对评级的信息采集工作投入过多成本，且信息提供者则更倾向于噪音信息的提供，造成此类现象的原因为信息的准确性越高，就会越快地反映出互联网金融市场的状况，导致信息对购买者的价值不足。为了吸引足够的市场关注度，评级机构大多选择主动地进行信息隐藏。作为垄断级别的评级机构，评级提供者并不会提供较为负面的信息，其目的是为吸引最低类型的互联网平台寻求服务，在这种大趋势下，拒绝支付较为高昂的评级费用的平台都将被评级平台冠以较低水平的信用级别。因此各评级机构之间的竞争影响信用等级评定。

### 2. 评级信息的标准、格式、要素"与众不同"

披露方式将使搜寻验证更为困难，因为评级机构的信息发布方式不同于媒体信息发布方式，这便造成了投资主体若想进行信息搜集工作则需付出相对应的成本，若是投资主体需要对各个评级机构所发布的信息进行对比和研究，则需花费更大的搜寻成本，而且各个投资主体分别花费时间、精力、金钱去搜寻相同信息，将会对社会总体资源造成极大程度的浪费。另外，评级信息本身具有主观性，如评级定义、方法、信息的处理等均带有各个评级单位的特点，并且各机构所发布的信息内容、格式等均存在较大差异，由于没有统一的行业标准，投资主体很难将其加以验证，这便对评级工作的信息披露造成了负面影响，也使投资主体所接受的信息价值存在失真问题。

3. 评级机构信息披露的信息内容不足

评级机构所用的评级方法、数据等信息是其取得优势的主要依靠，其担心披露后被其竞争对手"学习"，故不愿对这些信息进行全部披露，关于这些信息的披露大多以含糊其辞为主。由此看来，随着披露的信息增多，相应的错误率也会随之增加。投资主体若由于披露信息的缺陷导致利益受到损害，则评级机构有可能被送上法庭，增加了其成本并且必须承受败诉的风险及带来的损失。这些原因导致了信息披露的信息数量和质量无法达到投资主体的需求。由此可见，在信息披露方面，评级机构和投资主体之间在目的上存在巨大分歧。投资主体的目的为更多、更详细的信息披露，而评级机构的目的为不因信息披露工作给自身带来不必要的麻烦，所以往往出现投资主体要求更加完全的信息披露，但评级机构则表示披露的信息已达极限。综上所述可以发现，问题的根本出在信息披露的体制本身。曾有学者指出：自愿性监管的体制根本无法达到预期的效果，若是没有强制性，评级机构不会督促自己。从国际角度来看，各国的监管机构都认为提高评级行业的透明度是十分必要的。其中欧盟于 2009 年通过了相关条例，一改之前的放任态度，直接对评级机构的内部评级体系加以干预，并要求成员国中的评级机构必须登记，且评级系统必须由欧盟进行监督。美国评级系统的改变是为了促进市场竞争，旨在借助市场对其进行约束。中国信用体系的薄弱，突出表现在信用信息披露不完善方面，如规模有限、结构松散、成员质量良莠不齐、征信体系的开放性和透明度很低、信息披露不足等。

（三）我国互联网金融信用中介主体评级失真原因

1. 缺乏信用数据标准化和评级标准

互联网金融市场作为现代市场衍生出的产物，其信用具有独特的地位，互联网金融市场所需求的是高度的信用观念和完善的信用系统。市场中虚假的信息披露等案件的发生，离不开市场主体信用意识的缺失。这便对市场交易成本有较大的影响，也是对社会资源一定程度的浪费。通过对信用系统的完善，达到对市场进行约束的目的，这便是解决我国现阶段网络市场违规与违法信息披露的基础工作。我们的研究显示，对投资主体行为产生主要影响的便是平台的信用信息，P2P 网络贷款平台所披露的信息便是投资主体进行投资的重要依据。由于我国现阶段并不存在类似美国 FICO 的信用评估体系，各平台只能使用各自的评价方式，这便使其不具有普遍性，导致评估结果无法对事实进行有效反映，最终对投资主体的投资产生影响。因此，从互联网金融的发展角度来说，建立统一的评估监管规则是十分必要的。

互联网金融市场蕴含的风险性要求互联网金融市场对诚信的要求远远大于一般商品市场。信息披露监管规则是诚信原则在互联网金融市场中的具体体现，也是交易中消除信息不对称的监管规则设计。从我国现阶段情况来看，国内并未设立专门的第三方平台权威评级机构，虽然有少数网站从事此类工作，但其与监管部门不同，商业机构的数据收集能力有限，且没有权利获得较为详细的数据。另外网站间没有统一的标准，都是根据自身的标准进行评级，不具有权威性。所以建立专门的评级标准十分重要。

2. 互联网金融未建立信用信息披露评级机制

由于互联网金融行业并未与国家征信平台进行相关对接工作，故其对客户的身份验证以及金融、生活信息的真实性均存在一定程度的缺陷，这便导致其在此方面有着高于传统机构的风险。互联网金融披露主体的资信怎样审查等问题都与传统的借贷不同。真实性是信息披露的灵魂，一定要对互联网金融信息披露的真实性加以绝对重视。但是从实际情况来看，在信息披露工作方面，由于考虑到自身利益，部分平台所披露的信息中含有虚假信息，并有意对真实信息进行隐藏，这便使投资主体的合法权益受到一定程度的侵害。并且从单个投资主体的角度来说，涉及金额较小的纠纷若是走上法庭，则需要的成本便会极大程度地提高，并且即使走上法庭，自身合法权益由于各种原因也并不能得到完全的保护。由于互联网金融的相关信息披露监管和评级系统并不完善，无法对互联网金融信息披露中信息披露主体的信用等级做出判断，这便导致了互联网金融信息披露所提供信息的真实性无法得到保障，其信息披露的可信度必然受到影响。

### 3. 缺乏公信评级机构

由于互联网的不断普及，金融行业在互联网这个平台中获得迅速发展，各种各样的评级机构纷纷出现，现在网络中有网贷天眼、易观智库等评级机构。一方面，这些机构提供的数据给投资主体提供了一定的参考信息，使其投资行为变得不再盲目；另一方面，由于缺乏相应的监督机制，加之机构本身存在一定的问题，市场上的投资主体不能完全理解评级机构做出的报告。这种问题存在的原因主要有以下两点：第一，评级机构数据的获取途径。在多数的评级机构中，报告所用数据来源于平台内已经披露的信息，而无法获得关于产品利润、坏账率等重要信息，因此，评级报告不能完全反映金融企业的经营情况，其结果具有一定的局限性。第二，评级机构寻求与平台的合作。众所周知，评级机构只有独立存在，才能对各个金融平台做出合理的评价，从而获得在此行业的公信力。但是，我国目前的情况是很多平台的排名是通过金钱交易获得，甚至有些评级机构会敲诈平台，利用金钱可以购买一个较好的排名。因而，很多评价报告与排名毫无公平可言。我国 P2P 行业知名的评级机构，见表 3 - 2。

表 3 - 2　我国 P2P 行业知名评级机构

| 机构名称 | 网贷之家 | 网贷天眼 | 易观智库 | 融 360 | 大公信用数据有限公司 | 中国网贷评价体系课题组 |
|---|---|---|---|---|---|---|
| 数据来源 | 平台公布数据；与众多平台数据对接 | 与众多平台数据对接 | 综合平台发布数据 | 与部分平台合作，信息不依赖平台提供 | 平台公布数据 | 调研；P2P平台数据统计分析；信息咨询机构 |

我国的网络发展速度很快，但同美国等一些发达国家相比，技术水平亟待提高。目前我国大数据技术水平仍不够高，许多客户对互联网金融产品并不能完全信任。如果有完善的大数据信用体系支持，可以加快互联网金融线上模式的发展。如今，我国网络上许多网络借贷

平台号称能够通过数据的审核判断借款人的信用与还款能力，这显然是不可能的，因为如今我国的个人信用体系不够健全，对个人和企业的征信并未完成。此外，还存在个人数据的封闭问题以及信誉评级机构建设的不完善问题。在这种背景下，信用中介主体的评级失真问题对互联网金融管理信息披露监管形成了挑战。

4. 国内征信体系不健全

征信是金融风险控制的第一道防线，可以减弱交易双方的信息不对称，选择信用程度高的交易者，降低违约风险。英国、美国采用市场化征信，是通过市场竞争形成的以大公司为主体的征信系统；欧洲一些国家是由政府直接出资建立公共的征信机构，采取公共征信的形式；我国征信业起步较晚，但在法律和技术上已做出较大的努力，逐步形成以央行征信中心为主导，多层次征信机构并存的市场体系。我国的个人征信起步更晚，在政府允许个人征信以后，个人征信的发展走上快车道，成为央行个人征信体系的有效补充。征信主体也逐渐丰富，如个人征信机构阿里巴巴、芝麻信用、腾讯征信、中诚信征信等。

我国的征信体系尚不完善，互联网金融平台的审核缺乏可靠性，其信息采集方法的途径只有身份认证、内部信用评级等，采集的信息缺乏公信力，难以得到公众的认可。国外的互联网金融平台也是通过网络采集信息，但是其可以通过政府或一些组织等的征信机构获取数据支持。我国的情况有所不同，央行的征信系统不对互联网平台开放，故而互联网金融平台所能应用的信用数据极少，很大程度上只能通过用户自主提交数据进行判断，这样容易导致审贷过程中风险过多。互联网金融平台也可以采用商业征信以及大数据征信的方式确保审核的正确率与合理性，但由于缺乏经验以及技术水平较低，这些方式需要人们不断地探索，许多弯路不可避免，对于其中的风险也要有一个清醒的认识。因此，平台需要通过自身操作控制交易过程中可能出现的风险。值得注意的是各个层次机构征信的侧重和优势不同，应当加强征信机构之间的交流，整合征信资源，完善征信体系。

# 四、投资主体理性决策和救济能力不足问题

## （一）投资主体决策非理性行为理论解释

行为经济学认为，人的行为受多方面因素影响，其中不仅包括经济条件的约束，而且还有个人的心理条件、人生阅历、知识结构等内外多方面的因素。[1] 通过否认传统理论的理性假说，同时认同环境因素对人的行为产生影响的结果论，也使我们了解非理性行为出现是怎么一回事。传统理论认为选择是有理性的、是经过人们理性思考的产物，但这并不能解释投资主体"选择"中的非理性的行为。而这些传统理论所不能概括的问题，行为经济学可以解释。它指出人的认识基础有限，一些事物超出其认知范围，因此可能会受到一些利益的驱使而做出非理性的行为；它还从人的心理以及生理方面的角度指出人的大脑以及情绪左右人类的选择；最重要的一点是，行为经济学研究了经济运行的阴暗面以及其引发的种种不合理腐败滋生的状况，能使我们更深刻地理解互联网金融的虚伪与欺骗。[2] 分析这些经济活动的行为动机，有利于我们深入研究经济学理论，并为其丰富和发展做出贡献。

行为经济学在实践中的应用有利于促进市场金融领域的发展。我国互联网金融的投资人主要为个体，其投资总量巨大，但是这些个体的金融认知水平普遍不高，因此从信息披露层面来说，互联网金融平台公开信息披露会对这些人群的选择产生干扰。对于平台所披露的信息，投资主体可能会有主观的反映，并且在心理、生理和环境因素的作用下投资的非理性因素增加，其可能做出错误的选择。所以，可以从互联网金融投资主体成分量化分析、投资主体投资意识形态和投资主体信息处理能力来解释投资主体决策的非理性行为选择。

---

[1] 佛郎切斯科·帕里西，佛农·史密斯. 非理性行为的法和经济学 [J]. 比较，2005 (21)：47-48.

[2] 乔治·阿克洛夫. 动物精神 [M]. 黄志强，等，译. 北京：中信出版社，2009：23-28.

## 1. 投资主体的成分分析

首先，互联网金融市场在我国呈现为典型的散户型，在这种模式下投资主体能否认真和专业地在庞大的信息库中筛选出他们所需要的信息从而做出正确的决策是一个没有确定答案的问题。人类的本能是在烦琐的事物当中自然选择简单的问题而忽略复杂的事物，而没有足够的决心去做出决策。信息显示的是，中小型的投资主体的阅读负担是很难让人接受的。中小型投资主体不能像机构投资主体那样在众多的信息中筛选出合理的信息而分析。其次，如果中小型投资主体在信息分析上的时间投入与他们所获得的利润不成正比的话，那么也可以理解中小型投资主体忽视信息披露的事实，这种行为对于自身而言是合理的，对社会而言也是有效率的。因此，投资主体以什么样的态度去面对信息的全方位披露是一个无法确定的事情。影响这种态度的最重要因素是，散户的投资主体和机构投资主体在购买股票的价格上是一样的，并且每个投资主体所分配的信息披露成本也是一样的，然而，在信息处理和信息需求方面，散户投资主体是完全低于机构投资主体的。

## 2. 投资主体投资意识形态

我们先入为主地认为，投资主体会牢牢抓住互联网平台的及时有效的信息披露进而做出最正确的投资，但事实并非如此。每个投资主体在面对铺天盖地的繁杂的平台提供的信息时，都可能会有以下两种现象出现。一方面，源于感官的情绪变化及做出的反应，金融分析师分析投资主体的时候往往会考虑以下五种情况：一是投资主体的情绪很高；二是投资主体偏好风险的行为有所上升；三是投资主体的情绪有所改善；四是投资主体的情绪由高涨渐渐走向小心谨慎；五是投资主体的情绪依然没有稳定，而市场有低位震荡。由此可以分析出，金融分析师牢牢抓住了投资主体的情绪变化，而情绪变化确定了投资主体的投资决策。另一方面，投资主体偏向于依赖投资行业业内大咖的评论以及平台对行情的分析预测。其实这种行为很正常，漫天的平台信息分析起来十分苦闷，并且投资主体往往对投资失败过于恐惧，这两重因素就导致了投资主体更偏向于听取别人的决策而不是自己去判断。

上海证券交易所针对《股票投资者非理性行为研究》的分析中提到，研究表明投资主体往往有炒小、炒差、炒新的投机性行为。研究通过考察不同的投资主体对网络平台信息披露的不同反应，证明了在投资决策方面，个人投资的决策能力远远比不上机构投资。所以，我们认为，个人投资主体投资的金额大小与平台的异常累计收益成反比。与之不同的是，机构投资主体投资的金额大小与其累计异常收益成正比，机构投资更偏向于利用信息交易。通过研究，我们可以分析出两个情况。一种情况是在中国投资，个体投资确实不能像机构投资一样有较好的信息获取和处理能力，个体投资的交易行为往往不能为其取得流动性的补偿，还有可能使个体投资亏损。另外一个情况较为明显，那就是中国的个体投资偏向于炒作投资平台。这种现象造成了存在一些大规模个人交易所占比例很高的过度交易的平台，而这些平台的买家相比于其他平台的个人投资表现得更加均衡。如此，个人投资就更偏向于那些被炒作的平台了。可见，个人投资主体获取信息和处理信息的能力在一些信息量不均衡的环境里十分受限，并且这种局限的原因多半是个人投资主体非理性的投资行为和自身的投资素质较低。

3. 投资主体的信息处理能力

投资主体认真分析和处理信息的能力，是判断他们在对数据应用和思考方面，能否达到信息披露监管期望值的依据。曾经有过一次关于受试者阅读能力的测试，测试中给每位潜在的受试者发放了只有 11 段文字的两张表格。而受试者的测试表现差距颇大，在仅仅只有 53% 的有能力阅读表格的测试者中，花了不到一分钟的被测试者是 38%，用了一到两分钟的被测试者是 30%，花了将近两分钟的被测试者是 13%，而剩下的用了十分钟左右的被测试者将近 19%。并且，就这次阅读测试提出了自己的问题的被测试者只有 20%。测试的调查人员并不能确定被测试者是否是经过了用心的阅读，还是一些被测试者出于礼貌而敷衍。大量的证据也表明人们往往会忽略或跳过一些有用的信息，对于披露的信息所产生的价值置之度外不去过问。这种问题十分普遍，甚至美国大法官查德·波斯纳也不能例外，他在面对数百页的房屋净值贷款文件时，也是仅仅签了个字而没有进行仔细的阅读。有一项研究表明，个人的短时间记忆一般可以记住五到七个要素，而对于数字可能只有三到四个，即便是记忆力方面很有天赋的人，平均一次也仅仅能记住六个左右。所以，对于披露主体所提供的铺天盖地的信息，短期内能记住多少信息并无实际意义，投资主体在众多信息披露中获取有利信息的机会被人本身的记忆功能所严重局限。

### （二）互联网金融投资主体多为一般投资主体

互联网金融面对的投资主体是缺乏金融知识、资产实力不足、风险意识和防控风险能力较差的群体。对于"草根"金融群众来讲，在提高交易便捷性的同时，凸显了信息不对称的问题。他们缺乏对合规互联网金融主体和适应自身风险承受能力的金融产品的辨别能力，在逐利的互联网金融市场中无法很好保障自身权益。互联网金融投资主体大多为"草根"阶层，其信息接受与处理能力也相对低下。

互联网金融与传统金融消费者相比：一是消费者在互联网金融中个人投资决策影响增强，扩大了其需承担的责任；二是互联网金融服务主要对象是一般投资主体。因互联网金融具有普惠性和产品投资大众化，一般投资主体成为投资的主要对象，但其金融知识及经验较缺乏，很难做好金融决策工作，通常是指那些小型的法人和公益法人或零售客户，他们是金融市场的弱势群体；三是互联网金融产品专业化和复杂化、互联网技术化及交易结构复杂等加剧双方当事人之间法律关系的隐蔽和复杂。因此，"草根"阶层的一般投资主体较难了解产品和服务中的风险，使信息不对称更加严重。

### （三）互联网金融投资主体的决策具有非理性

#### 1. 互联网金融信息的丰富性、迅捷性加重投资主体非理性

在互联网金融市场投资主体获取信息的地域和种类大大扩展。在互联网金融尚未兴起时，投资主体获取的投资渠道多为报纸、杂志上由正规机构披露的平台，并且这些平台的营业场所固定，有相应的招股说明书及相关的财务报告等，因此对广大投资主体来说，其信誉度

较高，更为可靠。目前是互联网金融时代，在这个背景下互联网企业的客户数量大幅度提升。并且由于互联网金融这个模式的驱使，互联网金融平台如雨后春笋般发展起来，人们越来越喜欢互联网理财的方式，对于客户群体中的个人和小企业来说，个性化的服务、高效性和便捷性则是他们更关注的。在这种背景下，投资主体获取发行人的信息除了传统的方式外，主要通过网络获取发行人即融资人以及互联网金融平台网站等的信息。投资主体可以随时随地获取相应的金融发行信息，不受地域的限制。也就是说，投资主体进行投资可以方便地通过网络获取各种信息。投资主体可以通过网络获取各种有关发行人情况的信息，其中也包括了融资者的强制披露信息。但互联网金融的信息量急剧增加也容易使客户产生投资的不理性。投资主体可以获取融资者的非强制披露信息以及互联网金融平台通过网络获取的融资者的信息，例如投资研究报告等。此外，各种网络的门户网站或论坛上存在着融资者以及交易的各种信息供投资主体参考查阅，可谓信息披露的"大爆炸"。大爆炸的信息披露表面上给投资人提供了更多的信息，但这些信息很多是诱导客户进行投资的，通过非法行为散布到网络媒体上的虚假消息。一方面，网络这个虚拟的空间中可以轻易地隐藏身份，黑客、商业间谍等不法分子可利用网络从事非法活动。投资主体遭遇网络攻击时，其个人信息也就有泄露的可能性，财产安全难以保证。另一方面，互联网作为先进的信息传播媒体，网络信息传播速度很快，这可能导致虚假信息的传播广泛极速地进入整个市场，影响市场的正常运行，非法行为人从中获利，投资主体受到损害。接踵而来的信息披露给金融市场投资主体提出了严重的甄别和选择的问题。

在这种背景下，具有认真分析和处理信息能力，可以帮助投资主体确认他们在对数据应用和思考方面能否达到信息披露监管的期望值。然而对于大多数个体投资主体来说，其在互联网金融市场的专业知识并不够多，相关投资经验不足，对所获取的信息甄别和判断能力不够。投资主体对获取的财务报告信息不能理解或者不能完全地理解，进而难以做出足够理性的决策。互联网金融信息披露看似实现了所谓的"有效市场理论"，为用户提供了参考依据，但这种有效是表面的。实质上，由于个体的投资主体在金融投资能力方面的限制，投资主体在面对浩如烟海的金融信息时，忽然发现这种金融信息披露极具"迷惑性"。投资主体对于获取的非强制披露的信息则很难甄别其真伪，进而难以做出足够理性的决策。

2. 互联网金融信息披露方式网络化加重投资主体非理性

网络化的特点是"无纸化、技术性、虚拟化"等。一是表达内容丰富性。互联网金融信息披露方式可以音频、动漫、图片、视频等形式表现，不局限于文字，材料和信息通过网站间（外部超链接）及网站内（内部超链接）进行查阅。二是从面对面披露到非面对面披露。互联网金融平台通过网页或即时通信工具为投资主体提供服务，网络非面对面的信息披露保证了信息披露的及时性，但无法保证其所披露信息为投资主体所知，这种途径具有单一性与静态性的特征。

（四）互联网金融投资主体的救济机制不健全

现阶段，如网络借贷平台信息披露不完善、不及时、错误、平台事后修改信息等原因导致金融消费者权益受到侵害后，金融消费者往往无法维护合法权益。除此之外，平台跑路、不正常停业信息出现后，消费者才获得平台出现问题的信息，唯一的挽救途径是向公安机关报警，待公安机关调查结果出来后才能争取合法权益。互联网救济针对的是投资人在其权利受到非法侵害时，享受的诉讼或非诉讼救济权利，侵权的一方往往是互联网融资平台经营者或者借款人。2016年颁布实施的《网络借贷信息中介机构服务活动管理暂行办法》，对投资人与借款人或者是平台之间的纠纷解决提出了四种途径。行业自律组织调解、自行和解、诉讼、仲裁，这是纠纷解决思路的进一步多元化。

在传统金融领域，我国已经建立起具有现代特色的监督管理机制，如ADR监管替代纠纷解决机制，也就是通常所称的非诉讼纠纷解决机制。这种解决机制顾名思义，就是改变诉讼解决方式为调解、投诉和仲裁等形式。在非传统的互联网金融领域，对投资人权利救济的方式和手段依然不够充分。一是互联网金融作为新生事物，对其监管还刚刚起步，监管的机理、领域、措施、方式等还没有细化，导致相应的投诉救助体系还没有健全和完善。二是作为互联网金融的重要组成部分，部分或者说绝大部分互联网平台并没有在企业内部建立和健全有效的客户投诉处理体制机制。三是作为互联网金融管理的重要机构之一，互联网金融协会成立时间并不长，虽然自律组织已经在部分地区开始建立、丰富起来，但相对来说辐射区域、领域还较为有限，功能的发挥还不够充分。在实际运行当中，一方面，我们发现部分平台出于平台自身声誉的考虑，在项目出现困难（如资金逾期时），往往采取私下解决的方式（如采用自有资金垫付）；另一方面，大多数自身权利遭到侵害的投资人在维权时采取维稳方式，由于借款人违约引发的互联网金融纠纷在我国国内还不普遍，因而投资人往往心存侥幸，认为自己的投资总是会得到偿还的。2016 年，我国对互联网金融行业进行了专项整治，通过经侦手段、公权力介入等方式对行业进行监管，以司法手段解决互联网金融平台投资人卷款跑路的问题，并以政府名义组织了维权团体。但司法手段并不是常规手段，对投资人保护尤其是利益的追缴作用有限，这种侧重刑事责任追究的方式在金融损失追缴上并不能有效地发挥作用。据相关统计，2017 年 1 月，互联网金融贷款行业问题平台不到 5% 的立案率，22 家平台已经审理完毕，完成宣判。这其中有 20 家平台平均审理期限超过一年半，最长时间为 38 个月。事实上，上述宣判的平台涉案金额全部超过千万元，但最终审理判罚的罚金最高才 90 万元。由此我们看出，通过刑事追究的方式审理互联网金融权利侵害案件，立案数目过少，周期过长，罚金相对投资人巨额损失来说过少，这明显不利于投资人合法权益的维护。

另外，目前互联网金融投资主体的救济诉讼不利有几个突出的原因：首先，互联网金融的交易主体、交易地点较难确定。信息通过数字化的信号传递，交易协议通过计算机网络以电子数据文件的形式完成。而电子数据的易改动性和易毁灭性，为网络空间商事纠纷解决中的管辖权确定、法律适用以及判决执行带来困难。其次，法官的专长是审案，对专门的计算机网络、网络游戏、域名、电子商务等方面技能和知识往往不熟。因此，在网络纠纷法律空白缺位的现实情况下，应由相应的技术专家将事实认定清楚，事实的认定即成为判案的依据。网络纠纷建立在网络技术之上，而网络技术恰恰不是法官的专长。再次，诉讼主体复杂化。投资主体为维护自身权利，以原告身份提起诉讼。但网络证据较难收集，成本过高，投资主体直接起诉阻力很大。最后，网贷平台为了吸引投资者投资往往事先承诺若融资者预期违约，会以原告身份提出诉讼。但对于平台来说风险过大，其实较少有平台愿意介入诉讼。因此，互联网金融投资主体的救济诉讼障碍更加严峻。

## 五、信息披露监管主体多头监管问题

### （一）互联网金融交叉性与分业监管体制

互联网金融领域内要素的重新组合及创造性变革，使我国金融创新呈现出欣欣向荣的局面，但我国目前的分业监管体制，已不适合当前的经济发展，导致监管者监管能力不对称、恶性竞争（放空监管）、权责不清（监管空白）等问题。当前的监管模式仍然是分业监管，即对互联网金融平台的不同业态分别进行监管，见表3-3。

表3-3　我国互联网金融平台不同业态的监管主体

| 互联网金融业务业态 | 信息披露监管主体 |
| --- | --- |
| 互联网支付 | 人民银行 |
| 网络借贷 | 银保监会 |
| 股权众筹融资 | 证监会 |
| 互联网基金销售 | 证监会 |
| 互联网保险 | 银保监会 |
| 互联网信托 | 银保监会 |
| 互联网消费金融 | 银保监会 |

互联网金融是随着互联网信息技术发展并与金融行业相结合而出现的新型金融行业，结合了普通金融和互联网行业的双重特点，具有广泛的开放性。这也使这种行业投资的门槛极大降低，不少金融产品呈现出跨多个金融行业的属性，是混业经营的一种突出体现。我国目前对金融

行业的监管采取的是分业监管模式，这一模式具有针对性强、专业性高的突出特点，对每一细分领域，监管权具有较强的概括性，[1] 有利于监管部门结合行业特点充分发挥专业监管优势，形成跨专业合作、专业性监管的格局。基于互联网信息技术的互联网金融行业具有较强的融合性，业务具有交叉性强、跨部门、跨行业等特征，这种互相交叉的金融发展模式使传统的分业监管很难有效发挥作用。如余额宝作为支付平台，能够在日常生活中起到直接支付的作用，同时用户自己把资金存入余额宝每天还能获取较为客观的收益。事实上，余额宝中的资金是用来购买天弘基金，通过支付宝与基金公司的合作，让系统自动为客户完成开户和购买，余额宝的支付手段类似于基金的购买和赎回，这种获取的收益与银行存款收益比较，有本质的不同，并不是支付宝公司给的收益，而是来自于其购买基金产品的收益，也就是用户的基金投资收益。[2] 这就是第三方支付与基金销售的结合，充分融合了二者的特点。但这也给监管造成困难，由谁主导监管、由谁主要负责，无法明确界定，这对传统的分业监管模式提出了新的挑战。

我国当前分业监管模式，始于 20 世纪 90 年代，针对当时我国金融发展实际，这种监管模式发挥了重要的作用，有效提升了监管的专业性、效率性，让我国金融行业得到较为规范、快速的发展。但随着我国经济社会的进步、金融行业的进一步发展，这种分业监管也暴露出较为突出的漏洞。如金融行业中相互交叉的监管问题一直较为突出，谁主导、谁担责的问题一直得不到解决。为此，"一行三会"（现为一行两会）也进行了不少的改革，如提升信息共享的效率、建立重大信息相互通报机制等。但这些补充制度、机制和规定，并没有从根本上改变我国当前分业监管的格局。为此，我国央行一直在研究相应的改进措施。国务院 2013 年批复了央行的申请，成立由央行牵头，保监会、银监会、证监会共同参与组成的金融监管协调部级联席会议，对我国金融行业实行联合监管。这一监管新规强化了金融法律、法

---

[1] 王晓君. 政府危机管理法律问题研究［M］. 济南：山东人民出版社，2008：282.
[2] 汪彩华，李仁杰. 互联网金融产品的法律分析［J］. 法制与社会，2014（12）：37.

规、政策协同发挥作用的能力，促进行业交叉金融产品之间的相互协调，❶但并没有改变我国金融监管的总体布局、框架，对监管规则也没有根本上的触及，针对互联网金融产品，这种协调监管的模式仍然无法有效明确监管的主题，因而也就无法充分发挥监管的效能。反倒是交叉监管地带容易造成互相推诿的局面发生，或者是不同监管机构相互争取监管主导权，最终导致监管真空、重复监管的现象发生。互联网金融是金融行业的新兴模式，也是组成部分之一。这种新业态的出现对监管部门提出新的挑战，需要监管思路、机构设置、规则制定等方面有新的发展、新的突破和新的转变，传统监管方式的转变迫在眉睫。

### （二）分业监管体制多头监管弊端分析

当前我国互联网金融领域的监管处于多头监管的模式，不同部门共同监管导致监管步调不够统一、协调，部门之间的权限、职能、地位的划分不够具体、明确，各领域信息披露标准和详略程度要求不一样。分业监管和混业经营间矛盾突出，混业经营趋势加强，分业监管出现"真空"，形成"各扫门前雪"的格局。❷ 这导致互联网金融信息披露上呈现出混乱的状态，导致信息披露主体信息披露积极性、主动性、充分性受到严重影响，这进一步影响了投资领域信息披露的充分性、准确性和效率，对投资主体利益造成了一定的损害。一旦发生大规模的金融风险事件，金融监管部门为配合方，公安部门起主导作用。

1. 分业监管体制造成信息披露监管规则的重叠与空白

经济金融的充分发展，让客户对金融服务的依赖性变得更高，综合性服务需求日渐上升。互联网金融由于是一种较为明显的混业经营模式，与传统金融混业经营相比，具有成本低、各业态相互区分不明显、操作难度低、监管职责并不明确的突出特点，而且便捷的操作、较低的成本、较为快捷的信息传播速度和资金流动，使跨界、混业经

---

❶ 胡晓炼. 完善金融监管协调机制，促进金融业稳健发展［J］. 中国产经，2013（10）：21.

❷ 杨秀云，史武男. 我国金融安全网的监管制度与现实选择［J］. 甘肃社会科学，2017（3）：209.

营的各个主体之间的业务交融更为密切。而分业监管模式下，由于分工不明确、协调不够及时有效，容易产生针对监管的套利行为。如互联网支付手段积累了较多的用户交易数据，在交易数据的采集、汇总上具有十分突出的优势，依托信托、电子商务、互联网基金销售等行业，可以有效拓展业务的纵深，涉足基金、股票、债券等多个领域的金融业务，最为突出的就是互联网支付与基金业务的结合，形成了新的创新产品。这种新的金融产品出现，在监管上需要涉及金融业务、非金融业务两个方面的监管，以及网络平台自身的监督管理，在这种错综复杂的监管体系下，很难有效区分监管的主导方、责任主体，使监管权不能够有效集中，呈现出极为分散的状态。我国互联网金融监管沿袭了分业监管模式，在分业监管的主导作用下，地方相关部门具体落实监管职责，其他监管部门有效配合，这需要发挥地方金融监管机构、工信部、网信办、工商管理等部门的能力，进行有效的协调沟通，促进监管的有效性、充分性、专业性。但是跨地区、跨部门的相互协调并不能做到及时、高效、全面，协商成本较高，监管规则也有不少不一致和空白的地方。一旦出现监管失职，金融风险真实发生，各个部门又相互推卸责任，造成监管效率低下，无法有效规避、预测互联网金融领域的风险，监管漏洞百出，监管套利频发。❶

2. 分业监管体制造成信息披露标准、内容不统一

如何实现互联网金融信息披露监管的"全覆盖""标准化""统一化"的信息披露规则，是目前互联网金融信息披露急需解决的问题。凡是涉及互联网金融平台就必须进行信息披露监管，因为金融具有杠杆效应，且对公众利益影响较大。根据 2015 年中国人民银行等十部门共同发布的《关于促进互联网金融健康发展的指导意见》，当前监管机构仍然是分业监管的思路，根据互联网金融不同业态分别进行信息披露监管规则设计，造成互联网金融各业态信息披露的不统一。我们应该在一个总规则、总标准化的基础上，依据各业态的特点进行差异化信息披露监管规则设计。

---

❶ 应倩倩，刘海二. 互联网金融的规制路径研究［J］. 西南金融，2017（10）：53－55.

### （三）地方金融监管部门无力承担监管职责

由于金融行业在国民经济中的重要地位和作用，以及金融风险的传染性，金融监管的主体理所应当是中央政府。但是目前我国金融监管队伍建设还不够完善，监管体系设置、人员配备等都无法适应互联网金融新业态的发展需要，单纯依靠中央政府监管无法有效开展，需要地方政府监管力量的协作配合。但是地方政府与中央政府之间存在金融监管权责不对等、利益不对称、信息沟通不充分、配套不健全等突出问题。

《网络借贷信息中介机构业务活动管理暂行办法》把部分监管职权划归地方政府相关监管部门，如网络信息中介相关信息披露的公文监管，这就使不具备信息披露审批的业务部门承担了信息披露的监管，造成监管专业性、有效性的丧失，不能够有效发挥信息披露在预防平台风险尤其是欺诈的作用。❶与此同时，银监会等网络借贷监管机构，也不具有对违规的信息披露行为进行相关的调查、立案、处罚、起诉等权力，即使法律规定赋予它们这样的职权，也很少有机构真正行使。多数是长期存在的互联网借贷平台风险累积、爆发，公安部门直接介入，司法机构进行处置。

### （四）互联网金融行业协会的建规、执规、追责能力不够

互联网金融协会通过公约形式建立，是行业自律组织，各个组织成员基于自愿原则遵守规定，该协会并不属于政府管理机构，也不隶属于任何部门，是游离于政府、企业之外的第三方机构，为二者提供沟通协调渠道和服务。互联网金融行业协会按照国家金融监管法规的要求认真履行行业自律准则，发挥行业自律机制的作用，规范从业机构市场行为，依法保护行业的合法权益。但我国互联网金融行业协会在建设信息披露规则能力、执行规则能力及追责能力上严重不足，除了国家级的中国互联网金融协会出台一些跟法规文件主旨一样的文件，省市级互联网金融协会并没有发挥其三大能力（建规、执规和追

---

❶ 黄震，邓建鹏，熊明．英美 P2P 监管体系比较与我国 P2P 监管思路研究［J］．金融监管研究，2014（10）：48－50.

责能力）。行业协会本来就是自律组织，缺乏国家强制力保障措施，执行力度较弱，并没有被授权监管职责，不具备合格的监管执行者条件。同时，其管理机构也是由一定的人员组成，监管与被监管对象都处于金融行业这个大的体系之中，既是从业者、又是监管者的身份使得监管有失公平、公正。

（五）互联网金融信息披露监管主体的协调监管机制不明确

互联网金融初始阶段，我国并没有明确的监管机构及监管规则，导致了行业发展乱象，平台倒闭、跑路情况严重。互联网金融由于处于飞速发展和扩张阶段，问题日渐聚集，不良效果开始显现，促使我国政府加强了互联网金融的监管。2015 年出台《关于促进互联网金融健康发展的指导意见》，确定遵循"适度监管、依法监管、协同监管、分类监管、创新监管"的原则。如确定网络借贷为银监会监管，工信部、公安部配合处理各自负责的所涉电信业务和违规与违法活动。由地方金融监管部门负责监管的有备案登记、风险防范等。但因互联网金融还处于监管整改期，监管办法也处于实行初期，对互联网金融平台的监管机构之间协同关系并未明确规定，监管业务容易混乱，出现了重复监管或监管空白的状况。在监管机构和地方金融办的"双负责"制及综合监管治理的情况下，处理好监管机构之间的协同关系，同时防止监管漏洞和重复监管，保证监管办法的具体落实，是我们目前需要探讨的重要内容。

互联网金融作为一种新兴行业，主要有 P2P 网络借贷、互联网支付、互联网基金销售、股权众筹融资、互联网保险等业态，它们有共性也有差异性。不同业态发展模式有差异，根据不同业态的互联网金融业务，其信息披露规制体系的构建完善程度不同，比如现阶段我国 P2P 网络借贷的信息披露监管规则较为完善，而众筹、互联网支付等略显不足。另外各个业态之间、业态内涉及的主体之间也有一定的差别，因此，在具体构建互联网金融信息披露规则时还要考虑四大主体在每个业态间的细微区别。

## 六、互联网金融信息披露监管的特殊要求

互联网金融的发展给金融监管带来了巨大挑战，如何构建一种基于互联网发展技术的新的信息披露监管规定，是当前互联网金融监管亟须解决的问题。

### （一）信息披露主体采取强制披露和自愿披露并举

充分的信息披露，有利于互联网金融市场的公开透明，是其健康发展的关键。我国应结合当前经济金融市场环境和互联网金融发展实际，采取自愿与强制信息披露相结合的方式，实现投资主体权利的有效、充分保护。强制披露的信息包括：一是互联网金融平台自身整治情况。只有健康良好的平台，才能实现互联网金融的有序健康发展。这是投资主体保护最为基本的前提，也是相当重要的基础。必须督促有关部门，针对互联网平台整理披露情况，开展有效核查，确保信息披露的规范性、真实性、有效性，提升信息披露的质量，促进平台整理结构的优化。二是互联网金融运营模式信息的有效、充分披露。这里的信息涵盖了借贷双方匹配机制、信用评估方法、借贷交易是否担保、投资主体资金管理监管规则等。三是互联网金融业务数据的充分披露。这里的业务数据涵盖了累计用户数、交易金额、投资人收益情况、平均单笔借款金额、不良贷款指标等。四是对互联网金融产生影响的重大突发事件信息的披露，如平台或者公司股东、成员通过平台自身的融资、关联交易情况，这些行为都会对投资主体的研判形成一定的影响，必须在信息披露中加以呈现。

鼓励互联网金融机构自愿披露法定披露信息之外的信息，给市场提供预测的参考，建立责任豁免机制，根据信息披露情形实施责任豁免。这种信息披露具备合理性，而且是基于善意的自愿披露。

### （二）以反欺诈为核心的信息披露责任追究机制

完善我国互联网金融信息披露监管规则，首先要有效限制金融欺诈。互联网金融信息披露欺诈行为，应当承担相应的法律责任，这种责任主体不仅包括互联网金融的发起人，而且包括公司控股股东、平

台监事、董事会、高级管理人员、经理等。基于其在企业中的特殊地位，上述人员能够接触到公众、监管机构不能完全了解的平台、企业运营情况，并且对信息披露的真实性、有效性、全面性等产生影响。其次，在信息披露欺诈行为的认定上，采取过错推定的原则。只要存在不实信息披露、不当陈述或者重大遗漏，就可以推定互联网金融企业具有过错。相关责任人如果不能够证明自己做了力所能及的事情，事情的发生与其主观作用无关，最大的审慎义务已经被履行，那么就应当承担相应的法律责任。再次，对于因遭受欺诈而受到财产损失的投资人，应当赋予其反欺诈民事赔偿诉讼权。互联网金融借助于互联网信息技术的发展，作为互联网金融企业来说，与投资人比较具有信息优势，通过不真实的高额回报等诱惑能够误导投资主体决策，使其财产遭受损失。最后，应实施惩罚性损害赔偿责任监管，对信息披露欺诈行为中的故意或者重大过失情形进行惩处，提升欺诈行为违约违规与违法成本，降低管制失灵现象出现的概率，有效防止互联网金融欺诈行为的发生。❶

## （三）政府监管下的评级机构信用报告制度

金融市场具有高风险性，而且风险具有极强的传递性，这就使金融市场必须受到政府的有效监管。平台"跑路"现象频发、提现困难以及欺诈现象的屡现，让金融风险呈现叠加态势，使我国金融市场规范化运作遇到极大的困难。为了确保我国互联网金融市场发展的规范、有序，必须构建行之有效的监管体系，制定具有针对性的监管规则，尤其是信息披露规则的制定。互联网金融市场的交易方基本都是互不相识的陌生人，这就使信用机制的建立更为复杂。信用是金融市场的重要基础，也是互联网金融市场赖以存在和发展的重要基础。信息是信用传播的媒介，也是互联网最为重要的价值资源。因此，投资主体往往凭借外界评级机构对信息披露主体的信用评级作为投资决策的重要依据。但现实中互联网金融信息披露监管规则不完善和社会信

❶ 王腊梅. 论我国 P2P 网络借贷平台信息披露制度的构建［J］. 南方金融，2015
（7）：76－78.

用环境较差，由于互联网金融突然兴起和突飞猛进的发展，使得监管严重滞后于行业实践，信用评级机构大量涌现，如网络借贷天眼、网络借贷之家、大公信用数据有限公司、易观智库、中国网络借贷评价体系课题组等，这些评级机构鱼龙混杂，在给市场提供参考的同时，不少机构自身也存在问题，评级的准确、客观、公正性受到质疑。对信息披露主体的信用评级，要以实现互联网金融市场良性发展为目标。但这些评级机构缺乏独立性、真实性，且与信息披露主体存在利益关系，甚至可以随意买卖评级等级。借助社会力量，建立健全第三方评级机构体系，才能让评级结果更为客观、公正、真实。

### （四）侧重投资主体保护信息披露规则设计

真实、全面、准确的信息披露，是互联网金融市场存续的重要前提，也是其健康、稳定发展的关键环节。投资主体有赖于充分的信息披露，才能对项目投资有全面、深入的了解。对投资主体进行保护，给借款人创造更好的融资环境，是当前互联网信息披露监管的重要目的。只有充分掌握有关信息，投资人才能做出有效、合理、科学的决断，规避不必要的投资风险。但是这种信息披露并不是毫无保留、毫无原则的全部信息披露，这样也会降低互联网金融核心信息的保护，给相关企业造成不必要的负担，同时削弱互联网金融融资功能的有效发挥。事实上，互联网金融融资功能与投资主体的保护是相辅相成的，二者内嵌在我国互联网金融的信息披露监管规则制定当中。尽管保护投资主体与便利借款人在互联网金融信息披露监管规则中都是非常重要的方面，但不同情形有不同的要求。如针对较为成熟、理性的投资主体，为了提升融资的有效性，可以更多侧重提升借款人互联网融资的便利性。对于投资主体普遍不成熟、不理性的情形，应当给予其充分的保护，促进市场的良性发展。当前互联网金融市场投资主体的大部分甚至是绝大部分，都属于统计学意义上的长尾人群（邹传伟、谢平、刘海二，2014），主要构成成分为中小投资主体，突出特点是缺少专业知识、缺乏充足投资经验，容易受到信息误导、欺诈。互联网金融市场投资主体的普遍不成熟决定了在完善互联网金融信息披露监管规则时必须向投资主体实施保护性倾斜。

## （五）政府主导的多元主体共同监管机制

多元治理强调治理领域的相互渗透，突出了政府与社会组织之间的相互依赖关系。然而即便组织良好的社会，为了提升合作的稳定性，政府必须有一定的强制权。针对互联网金融行业的监管，主要采取的也是分业监管的模式。但是部分互联网金融企业已经出现混业经营的情况。如同一家网络平台，它可以进行多种金融产品的销售，并不局限于对某一种专业类别产品的销售权利，为了获取更多的平台收益，企业并不会过多地关注这些产品的相关性。合作协调监管因此显得十分必要。具体而言，一方面需要加强不同的金融监管机构之间的合作，针对创新性业务的出现，可能会同时涉及几个部分的监管，此时便需要不同的部门共同制定监管政策实现监管；另一方面也要加大金融监管机构与司法机构之间的合作，加强沟通，能够使监管最后得以落实。

因此，当下中国互联网金融信息监管模式中的信息多元治理，需要政府监管机关在政策和法规的制定、公共产品供给、多元协调机制维护中发挥主导作用，并将互联网金融企业、行业协会组织、公民社会组织及新闻媒体等纳入一个合作框架之内，发挥各自优势，实现公共性、多元性、灵活性、广泛性的充分结合，提升互联网金融信息监管、披露、治理的全面性、时效性、有效性。[1]

互联网金融是金融领域的一个重要分支，也是金融创新的又一体现，基于互联网与金融的融合，使其具备了互联网和金融的双重特点，与传统金融有极大的差别。在监管规则的制定上，要充分考虑到互联网金融的自身特点，结合我国当前的金融监管实际，有效防范金融体系风险。[2] 过于侧重某一方面，尤其是专注于互联网金融与传统金融的共性特点，就会造成互联网金融特殊性监管的空白区域、出现监管真空，依此设定的监管规则、法律规章制度等都将具有极大的漏洞，不能有效适应互联网金融发展，监管作用也很难有效发挥。

---

[1] 许多奇，唐士亚. 运动式监管向信息监管转化研究——基于对互联网金融风险专项整治 [J]. 证券法苑，2017 (4)：45.

[2] 朱侃. 互联网基金销售中信息披露乱象及其监管 [J]. 互联网金融与法律，2014 (9)：58.

## 本章小结

互联网金融具有跨界性、跨区域、跨行业等特征，是对交易对象、交易方式、金融机构、金融市场以及监管规则与调控机制等要素进行重塑，其存在方式和运行模式与传统金融有本质差异。因此，互联网金融信息披露监管问题表现也有其特殊性。

第一，信息披露主体规避问题。因互联网金融信息披露的易篡改性和隐蔽性、信息披露证据收集和认定困难、信息披露的超链接性等特殊性原因造成互联网金融信息披露主体的违约违规与违法成本低下，信息披露主体规避行为严重影响互联网金融的健康发展。

第二，信用中介主体的增信失真问题。互联网金融这种跨区域、陌生人之间、非面对面的交易方式，第三方信用评级的信用报告对信息披露主体有着信用"身份证"的增信价值作用，目前信用中介主体失真现象严重。

第三，投资主体的理性决策和救济能力不足问题。因互联网金融信息披露的重要对象是缺乏金融知识及经验的一般投资主体，非理性障碍更为突出。同时互联网金融信息披露的丰富性、迅捷性和披露方式的网络化使投资主体的非理性投资决策程度进一步严重。因此，投资主体在信息处理方面能力堪忧。

第四，监管主体的监管权力分配问题。由于互联网金融业务的跨界性经营与分业监管体制的矛盾，地方金融监管机构和互联网金融协会的功能限于安排与辅导，建规、执规、追责能力不足。如何构建一个互联网金融信息披露由政府主导，多元化监管相互协调、制衡的监管权力架构是本章的研究方向。

第五，指出我国互联网金融信息披露监管的特殊要求。对信息披露主体要采取强制披露和自愿披露并举的措施，要建立以反欺诈为核心的信息披露责任追究机制，要建立政府监管下的评级机构信用报告制度，要建立侧重投资主体保护的信息披露规则设计，等等。

# 第四章　互联网金融信息披露监管规则的比较与思考

## 一、我国互联网金融信息披露现有监管规则

### （一）我国互联网金融信息披露现有监管规则框架

目前我国在互联网金融信息披露法律法规上，有法律的一般性规定，也有中国银监会、证监会所发布的规范性文件。中国人民银行等十部门联合发布的《关于促进互联网金融健康发展的指导意见》中对信息披露提出了总体要求。要求从业机构向客户公布其财务和运营状况，对投资主体要进行充分的投资风险提示及充分披露。相关部门按照职责进行分工监管，保护投资主体。现有文件主要体现在对网络借贷信息披露的规定，有 2016 年 8 月银监会《网络借贷信息中介机构业务活动管理暂行办法》、2017 年 8 月银监会印发的《网络借贷信息中介机构业务活动信息披露指引》及其附件《信息披露内容说明》、2017 年中国互联网金融协会印发的《互联网金融信息披露个体网络借贷》（T/NIFA 1—2017）团体标准等。

1. 股权众筹行业的信息披露监管规则

2014 年 12 月中国证券业协会出台的《私募股权众筹融资管理办法（试行）（征求意见稿）》，要求股权众筹平台对融资者和项目的真实性、合法性进行审核，同时对投资主体和社会大众进行风险教育，并如实提供影响或可能影响投资主体决策的重大信息。融资者不得在股权众筹平台以外的公开场所发布融资信息，不得欺诈发行，不得向投资主体承诺最低收益或投资本金不受损失。2015 年 7 月发布的《关于促进互联网金融健康发展的指导意见》，强调股权众筹融资方不得

误导或欺诈投资主体，需如实披露平台的商业模式、资金使用、经营管理等重要信息。股权众筹平台必须要向参与方详细介绍交易模式、各参与方的权利和义务，同时做到充分的风险提示。

2. 网络借贷信息披露监管规则

首先是银监会规章层面。2016 年 8 月制定的《网络借贷信息中介机构业务活动管理暂行办法》规定了借款人和网络借贷平台的信息披露业务，并分别提出了不同要求，尤其强调动态披露，保证披露的信息真实、完整、及时、准确。2017 年 8 月银监会印发的《网络借贷信息中介机构业务活动信息披露指引》明确网络借贷业务活动各当事方信息披露规范标准、信息披露行为的定义，以及规定信息披露应遵循的基本原则，对披露的具体事项、披露时间、披露渠道等做出具体要求，有效降低因信息不对称造成的风险。其附件《信息披露内容说明》对披露标准、披露的口径予以规范。

其次是中国及地方互联网金融协会。中国互联网金融协会在 2017 年 10 月按照"披露指标不遗漏、披露内容不冲突"的修订原则，发布《互联网金融信息披露个体网络借贷》（T/NIFA 1—2017）团体标准，强制性披露 109 项、鼓励性披露 17 项，规范了 126 项披露指标。从业机构的信息披露比银监会《网络借贷信息中介机构业务活动信息披露指引》更加透明严格。地方行业协会自律组织也相继发布"网络借贷（P2P）平台信息披露指引"，像上海、广东和江苏等地对协会会员单位的信息披露内容、披露时间、披露口径等都做出明确要求和规定。

3. 电子支付和其他互联网金融领域的信息披露监管规则

在电子支付领域，中国人民银行发布的《电子支付指引》规定了应公开披露的信息：银行名称、联系方式及营业地址；客户办理业务的条件；电子支付业务品种、收费标准和操作程序等基本信息。[1]

互联网保险领域，2015 年 7 月保险会印发的《互联网保险业务监

---

[1] 刘倩云. 我国互联网金融信息披露制度研究 [J]. 北京邮电大学学报（社会科学版），2016（4）：52.

管暂行办法》规定互联网保险业务机构，不得违规承诺收益或承担损失等误导性描述，片面宣传或夸大过往业绩。在互联网保险产品的销售页面，要求必须包括对消费者利益和购买决策产生直接影响的事项：保险产品名称、保险费率、条款、投保人义务等；以适当的方式对免除保险公司责任条款、费用扣除、理赔要求等进行突出提示和说明。

在互联网金融消费领域，为提高互联网金融消费的信息透明度，中国互联网金融协会在 2017 年 10 月发布的《互联网金融信息披露互联网消费金融》（T/NIFA 2—2017）团体标准，规定披露内容主要围绕从业机构和业务信息两方面展开，规定了 23 项强制性和 4 项鼓励性披露指标，共 27 项披露指标。

2012 年至今，互联网金融市场内部已经开始不断制定关于信息披露层次分明的监管规则体系，根据各金融监管机构的网站和指定信息披露渠道及巨潮网资料的搜集和整理，发现我国互联网金融信息披露监管规则有较明确的政策指导主要在法律、行政法规、部门规章、自律规范四个方面得到了体现，见表 4 – 1。

表 4 –1    现行信息披露法律监管规则框架

| 法律层级 | 发文部门 | 具体监管规则构成 |
|---|---|---|
| 法律 | 全国人大常委会 | 《合同法》（1999） |
| | 全国人大常委会 | 《消费者权益保护法（2014 年最新修正案）》 |
| 行政法规及部门规章 | 中国人民银行 | 《非金融机构支付服务管理办法》（2010） |
| | 中国人民银行 | 《支付机构客户备付金存管办法》（2013） |
| | 中国人民银行等十部门 | 《关于促进互联网金融健康发展的指导意见》（2015） |
| | 银监会 | 《网络借贷信息中介机构业务活动管理暂行办法》（2016） |
| | 银监会 | 《网络借贷信息中介机构业务活动信息披露指引》（2017） |
| 自律规范 | 中国证券业协会 | 《私募股权众筹融资管理办法（试行）（征求意见稿）》（2014） |
| | 中国互联网金融协会 | 《互联网金融信息披露个体网络借贷》（T/NIFA 1—2017）团体标准 |
| | 中国互联网金融协会 | 《互联网金融信息披露互联网消费金融》（T/NIFA 2—2017）团体标准 |

如表 4-1 所示，监管者为了保证信息披露质量和法律上监管效果的完备性，在法律法规不同层次中仍不遗余力地进行信息披露的补充及其完善。

## （二）披露主体违规披露监管规则

### 1. 披露主体信息披露内容规则

信息披露的理论研究与实务操作已有一百余年的发展和演化历史，是金融监管的主要途径之一。信息披露的法律性质、披露内容、披露标准、时区分段等因素已比较完善。迄今为止，信息披露仍一直徘徊在市场放松监管和加强管制的矛盾之中，在行为人和监管者的不断重复博弈下，我们继续探讨信息披露的价值所在。为实现社会价值的最大化，立法者尽心尽力地完善其披露内容。并且，每次新的法律法规文件的出台都与当下的金融市场实情密切相关。

我国目前互联网金融信息披露在法律上有一般性的规定，但现有文件主要体现在银监会和中国互联网金融协会对网络借贷信息披露的规定。网络借贷信息中介机构信息披露分类情况一览，见表 4-2。

表 4-2　网络借贷信息中介机构信息披露分类

| 信息披露的内容分类 | |
|---|---|
| 从业机构信息 | ①从业机构基本信息；②从业机构治理信息；③从业机构网站或平台信息；④从业机构财务会计信息；⑤从业机构重大事项信息 |
| 平台运营信息 | ①交易总额；②交易总笔数；③融资人总数；④投资人总数；⑤待偿金额；⑥逾期金额；⑦金额逾期率（％） |
| 项目信息 | ①借款项目的信息披露（每笔借款项目发生时进行披露）；②借款人的信息披露 |
| 信息披露的时间分类 | |
| 定期报告 | 年度报告 |
| | 中期报告 |
| 临时报告 | 重大事件报告 |
| | 平台收购 |
| 信息披露的性质分类 | |
| 强制信息披露 | 网贷平台的备案信息、组织信息、审核信息、借款信息、交易信息等九大指标 |
| 自愿信息披露 | ①董事简介、监事简介、高级管理人员简介、风险管理负责人简介、从业机构人员数量及人员从业背景等信息；②资产信息；③信用信息；等等 |

如表4-2所示，对信息披露的划分从三个方面进行阐明。

①信息披露的内容分类。第一，以从业机构财务会计信息和从业机构重大事项信息为核心内容。学者们关于信息披露"重大性"的论述也是不绝于耳。重大事件可直接反映互联网金融平台的经营运作情况，以及判断互联网平台提现困难、跑路事件可能性的重要信息。其财务信息和重大项目信息都属于较复杂的部分。互联网金融平台的治理信息是其平台绩效的集中体现，跟信息披露的质量紧密相关。第二，互联网平台的运营信息符合投资主体的"价值相关性"，这是对平台运营前瞻性信息预测的一个重要指标。第三，项目信息，即信息披露以借款项目的信息披露、借款人的信息披露为主要内容。

②信息披露的时间分类。互联网平台以季度报、半年报、年报分别向社会公布信息，若平台发生重大事件需及时公布"收购公告""重大事件公告"等。

③信息披露的性质分类。信息披露的性质分类有自愿信息披露及强制信息披露两种方式。自愿信息披露更加强调投资主体的"价值相关性"，是信息披露主体为促进投资主体交易、实现融资的关键手段。强制信息披露是为满足法律法规的合规性要求，必须披露的信息内容。因此，自愿信息披露和强制信息披露内容的比例大小是直接影响信息披露成本效益的重要原因。

2. 信息披露主体责任规则

为了更好地了解信息披露在法律监管具体责任层面的条文规范，梳理了以下规定互联网金融信息披露主体责任的相关文件，见表4-3。

表4-3　互联网金融信息披露主体责任的相关文件

| 规范名称 | 发布机构 | 出台日期 |
|---|---|---|
| 《关于促进互联网金融健康发展的指导意见》 | 中国人民银行等十部门 | 2015年7月 |
| 《互联网金融信息披露规范（初稿）》 | 中国人民银行等 | 2016年3月 |
| 《网络借贷信息中介机构业务活动管理暂行办法》 | 银监会 | 2016年8月 |
| 《网络借贷信息中介机构业务活动信息披露指引》 | 银监会 | 2017年8月 |
| 《互联网金融信息披露个体网络借贷》 | 中国互联网金融协会 | 2017年10月 |
| 《互联网金融信息披露互联网消费金融》 | 中国互联网金融协会 | 2017年10月 |

2015 年 7 月，中国人民银行等十部门出台了《关于促进互联网金融健康发展的指导意见》，该意见提出第三方支付机构要向客户充分披露信息；股权众筹融资中介机构要向投资人如实披露平台信息及关键信息，不得误导或欺诈投资主体；保险平台不得进行误导性描述。❶ 2016 年 8 月，银监会出台了《网络借贷信息中介机构业务活动管理暂行办法》，该办法规定网络借贷信息中介机构应客观、真实、全面、及时地进行信息披露，不得有虚假记载、误导性陈述或者重大遗漏。2017 年 8 月银监会出台了《网络借贷信息中介机构业务活动信息披露指引》，该指引规定网络借贷信息中介机构承担客观、真实、全面、及时进行信息披露的责任，遵循"真实、准确、完整、及时"原则，不得有虚假记载、误导性陈述、重大遗漏或拖延披露以及借款人保证提供的信息要真实、准确、及时、完整、有效。综上所述，在对融资人及互联网金融平台披露责任方面的规定有以下两点。

①信息披露程序方面，主要是对信息披露事前监管的内容要求。信息披露主体须履行披露义务，并按照规定的内容、格式、程序进行编排信息。

②信息披露内容方面，排斥信息披露"误导性陈述、重大遗漏、虚假记载"三种违规情况，所披露的信息要求满足"三性"，即"准确性、完整性、真实性"。

同时，加强对信息披露主体违规的事中、事后监管。整理现有与互联网金融信息披露相关的公布的法规文件，其中对信息披露主体违规惩罚的有关规定，见表 4 - 4。

表 4 - 4　信息披露主体违规惩罚的有关规定

| 规范名称 | 违规的惩罚规定 |
| --- | --- |
| 《互联网保险业务监管暂行办法》 | 规定终止合作或限期改正、全行业通报 |
| 《非金融机构支付服务管理办法》 | 规定罚款和限期改正 |

---

❶ 《关于促进互联网金融健康发展的指导意见》第七条规定：第三方支付机构……要向客户充分披露服务信息，清晰地提示业务风险；第九条规定：股权众筹融资方应为小微企业，应通过股权众筹融资中介机构……不得误导或欺诈投资者；第十五条规定：从业机构应当对客户进行充分的信息披露……并进行充分的风险提示。

| 规范名称 | 违规的惩罚规定 |
|---|---|
| 《网络借贷信息中介机构业务活动管理暂行办法》 | 规定采取谈话、出具警示函、责令改正……依法可以采取的其他处罚措施；构成犯罪的，依法追究刑事责任 |
| 《私募股权众筹融资管理办法（试行）（征求意见稿）》 | 证券业协会视情节轻重对其采取谈话提醒、警示……取消会员资格等纪律处分 |

目前，我国对互联网金融领域违反信息披露义务的惩罚措施，在《互联网保险业务监管暂行办法》中规定终止合作或限期改正、全行业通报。《非金融机构支付服务管理办法》中规定罚款和限期改正。《网络借贷信息中介机构业务活动管理暂行办法》第四十条规定：可以采取谈话、出具警示函、责令改正……依法可以采取的其他处罚措施；构成犯罪的，依法追究刑事责任。其他互联网金融法律规范对信息披露主体没有惩罚性监管规则，大多是宣示性的条款，并没有具体规定相应民事法律责任内容。可见，现有的互联网金融信息披露监管规则不能有效阻吓信息披露主体所从事的信息披露违规行为。

综上所述，可以归结为以下两点内容。

①信息披露违规行为，即"误导性陈述、重大遗漏、虚假记载"是信息披露主体的三种主要违规行为。

②对违规行为的处罚形式，主要包括责令改正、给予警告、没收收入以及按情节严重情况处以罚金。根据违规责任的性质差异，要求做出刑事追究与行政处罚的不同的法律问责机制。

在我国现有的互联网金融信息披露方面，信息披露责任承担监管规则未进行有机的统一。互联网金融平台信息披露责任承担主要是行政责任、刑事责任及民事责任三种，三种责任缺一不可。因为任何一种责任都不可能担负起信息披露监管的需要，只有通过三者的统筹协调、共同合作，形成规范、合理、科学的信息披露责任体系，互联网金融平台的信息披露才能更加科学有效、才能起到积极的作用。但是在互联网金融信息披露责任承担方面，并没有做出明确规定，而只是做出了自律管理措施与纪律处分的规定。由此可见，在互联网金融信息披露责任承担方面，我国的规定仍然不够明确，所以对我国互联网金融信息披露的法律监管是非常不利的。信息披露监管规则在责任承担方面的不足，很难有效地对融资人、从业机构产生威慑力，这样互联网金融信息披露也将受到相应的影响。我国对违规信息披露的处罚力度相对于欧美国家而言力度是太轻了，这就促使一些互联网金融平台不惜以身试法、铤而走险，从而出现信息披露虚假、不充分等现象。在这种对违规行为轻处罚的情况下，信息披露虚假的问题会出现得更多，也会对投资主体的投资决策造成损害，投资主体的合法权益将很难得到保证，最后会影响整个互联网金融融资市场的健康发展。

（三）信用中介主体信用失真监管规则

目前，我国关于互联网金融信用中介主体还没有相对应的具体的信息披露监管规则，2015 年 7 月中国人民银行等十部门的《关于促进互联网金融健康发展的指导意见》第六条指出推动信用基础设施建设，培育互联网金融配套服务体系。❶ 评级机构是一种社会中介服务，信用评级机构为投资主体提供的信用报告信息，是帮助投资主体进行决策的重要参考信息。对互联网平台交易行为的规范、投资主体合法权益的保护、互联网金融行业的健康发展都起着至关重要的作用。

对互联网金融来说，单靠金融监管部门的分业监管机制，很难应对互联网金融的跨区域、跨行业的交易特点。有必要设立专业的、独立的第三方信用评级机构对其经营信息、投诉信息，设置专门的查询入口，保护在互联网交易中处于弱势地位的投资主体的合法权益。因此，评级主体应是与被评级客体无利益关系或直接由国家有关部门建立的第三方独立机构，这样评级机构是不代表任何公司和机构的利益主体。另外，构建国家评级监管体系、统一国家评级标准，按照独立、公正的原则，建立国家互联网金融机构评级市场服务体系，还可为评级结果的使用者（主要是投资主体）提供整合分析后的信用信

---

❶ 《关于促进互联网金融健康发展的指导意见》第六条规定：鼓励从业机构依法建立信用信息共享平台。推动符合条件的相关从业机构接入金融信用信息基础数据库。允许有条件的从业机构依法申请征信业务许可。支持具备资质的信用中介组织开展互联网企业信用评级，增强市场信息透明度。

息。但实质上，现状是从事金融机构业务的互联网金融平台往往是那些处于监管较弱且资质浅的平台为主，信用风险很大。因此，建立独立的专门机构负责资信评级，并对信息披露主体的潜在信用风险进行公开，同时在法律层面也要加强对互联网平台及融资者的信用监管，以防投资主体遭受损失。

### （四）投资主体非理性行为监管规则

当前，互联网金融领域在实践中出现的新问题并没有相应的法律法规可以进行解决，可以看出法律法规跟不上互联网金融的快速发展。涉及互联网金融投资主体信息披露监管规则的内容只在2015年7月中国人民银行等十部门发布的《关于促进互联网金融健康发展的指导意见》中提到，即要研究建立互联网金融的合格投资主体监管规则，提升投资主体保护水平。[1] 还有在《网络借贷信息中介机构业务活动管理暂行办法》第十四条设定了P2P市场合格投资者制度，规定了参与P2P借贷的投资人应当具备"投资风险意识、风险识别能力、拥有非保本类金融产品投资的经历并熟悉互联网"。同时，该办法第三条也明确投资人"责任自负、风险自担"的原则。

P2P行业的投资风险，除了由于监管部门对平台和借款人的监管缺位所导致的外在风险之外，市场中对普遍存在的刚性兑付和对担保的过度依赖则是源于投资人意识形态的内在风险。因此不仅需要对相关的外在风险进行有效监管，而且源于投资人的内在风险也需要通过投资人的行为监管来防范，但互联网金融现有的投资者保护和教育水平，要求投资者依靠自己来识别和判断风险，显然绝大部分投资者是不具备这个能力的。因此，需要对投资人进行教育。

在出借人涉足P2P投资之初，《网络借贷信息中介机构业务活动管理暂行办法》第二十六条规定："网络借贷信息中介机构应当向出借人以醒目方式提示网络借贷风险和禁止性行为，并经出借人确认"

---

[1] 《关于促进互联网金融健康发展的指导意见》第九条规定：投资者应当充分了解股权众筹融资活动风险，具备相应风险承受能力，进行小额投资；第十五条规定：要研究建立互联网金融的合格投资者监管规则，提升投资者保护水平。

之后，P2P 平台"应当对出借人的年龄、财务状况、投资经验、风险偏好、风险承受能力等进行尽职评估，不得向未进行风险评估的出借人提供交易服务"。在此基础之上，"根据风险评估结果对出借人实行分级管理，设置可动态调整的出借限额和出借标的限制"。通过这一条文的设定赋予了 P2P 平台事前帮助投资者识别风险的义务。虽然 P2P 平台必须要承担投资者教育的义务，传播"责任自负、风险自担"的常识。但能够认识到风险收益对等原则，也是投资者必须明确的一个概念，投资者必须本着责任自负的态度选择和风险能够匹配的项目收益。因此，成熟的投资者也需要市场的培育，这也是对投资人进行教育的目的。

虽然互联网金融消费的复杂程度要远远高于传统金融，但其是依靠互联网这一新型技术、依赖互联网这一平台，我们可以借鉴并使用以往传统金融行业的相关投资主体的信息披露监管规则。我国传统金融对投资主体保护起步于改革开放之后，主要建立了金融投资主体适当性保护和金融投资主体差异化保护的监管规则，在金融投资主体保护水平上取得了长足进步。2007 年 10 月，证监会出台了《证券投资基金销售适用性指导意见》，该意见首次提出建立金融投资主体适当性制度，将金融产品风险分为三级，再将金融投资主体分为三级，要求金融服务提供者销售证券投资基金时应注意将产品风险和金融投资主体相匹配。❶ 2012 年 2 月，中国金融期货交易所出台了《金融期货投资主体适当性制度实施办法》和《金融期货投资主体适当性制度操作指引》，对证监会有关金融期货领域金融投资主体适当性制度进行具体落实，实施办法进一步明确了金融投资主体适当性制度，❷ 并通过操作指引为各金融服务提供者具体执行金融投资主体适当性制度提供指引。2012 年 12 月，中国证券业协会出台了《证券公司投资主体

---

❶ 颜凌云. 金融投资者差异化保护制度研究 [D]. 南昌：江西财经大学，2017：78.

❷ 《金融期货投资者适当性制度实施办法》第二条规定：评估金融投资者的产品认知水平和风险承受能力，选择适当的金融投资者审慎参与股指期货交易，严格执行股指期货金融投资者适当性制度的各项要求，建立以了解客户和分类管理为核心的客户管理和服务制度。

适当性制度指引》，首次提出对金融投资主体进行分类，将其分为专业金融投资主体和非专业金融投资主体，进行投资主体差异化保护。

（五）监管主体监管权力分配规则

按照《关于促进互联网金融健康发展的指导意见》与《网络借贷信息中介机构业务活动管理暂行办法》的有关内容，综合中央与地方金融监管的职责分工，我国互联网金融信息披露监管遵照"双负责"的原则，对制定统一的监督管理措施和规范发展政策由国务院银行业监督管理机构负责；对本辖区互联网金融具体事项的管理，包括备案管理、风险防范、处置工作，以及对本辖区互联网金融市场的规范引导等，由地方金融监管部门负责。对其他部委也进行监管工作上的安排，互联网金融的安全服务由公安部牵头负责进行监管，要依法查处危害金融安全的违规与违法活动，对涉及金融犯罪和相关犯罪的要对其进行严厉打击；互联网金融的电信业务监管由工业和信息化部负责；对互联网信息内容、金融信息服务等业务由国家互联网信息办公室负责。"双负责"原则主张国家金融监管部门和地方金融监管部门共同监管的理念，强调地方金融监管部门和监管机构的双重作用，金融监管机构是中央金融监管部门加强事中事后行为监管的主力军，对辖区内实施监管，以地方金融监管部门负责为主。互联网金融行业所涉及的业务较多，需多个部门及公安部、国家互联网信息办公室、工业和信息化部等协同监管，以形成有效的监管合力。监管主体分工，见表4-5。

表4-5　监管主体分工情况

| 监管主体 | | 监管内容与职责 |
| --- | --- | --- |
| 双负责 | 金融机构 | 制定政策与制度、监管互联网金融机构日常行为 |
| | 地方金融监管部门 | 辖区内机构的规范引导、备案管理、风险防范和处置 |
| 协同监督 | 工业和信息化部 | 涉及的电信业务 |
| | 公安部 | 互联网安全、互联网金融市场所涉及的金融欺诈犯罪 |
| | 国家互联网信息办公室 | 金融信息服务、互联网信息内容 |

金融监管机构的行为监管主要是对互联网金融平台的经营管理活动、业务运营状况进行不间断的、持续的监管。主要包括在资金的第

三方存管、投资主体的权益保护、信息披露、产品登记等方面加强事中事后监管。互联网金融平台的机构监管由地方金融监管部门负责，主要包括备案管理、风险防范和处置工作等。互联网金融行业的自律管理由中国互联网金融协会负责，其职责主要是受理有关投诉和举报、维护合法权益、成立互联网金融行业专业委员会、制定并实施相关标准等。中国互联网金融协会在 2016 年 10 月发布的《互联网金融信息披露个体网络借贷》标准中定义并规范了 31 项鼓励性披露指标和 65 项强制性披露指标，规定披露平台运营、项目和从业机构等信息。在 2016 年 10 月中国互联网金融协会发布的《中国互联网金融协会信息披露自律管理规范》中，列出了从业机构的禁止性行为。❶

当前互联网金融信息披露监管规则正逐步形成，由监管层面的信息披露指导规定和实施层面的中国互联网金融协会出台制定的信息披露指引组成。有笼统的信息披露评价规则和处分措施，股权众筹、第三方支付、互联网保险、互联网消费金融等信息披露规则体系建设则相对滞后，监管层面未配套出台信息披露指导规定，并且互联网金融协会层面也未正式出台相关信息披露规范性文件。❷

总之，我国互联网金融信息披露监管规则不足具体表现有以下三个方面。

首先，我国互联网金融现行信息披露的法律法规层级较低。就目前的立法层级来看，还没有一部严格意义上的法律来监管投资主体、融资人、从业机构之间的信息披露的权利义务关系。中国人民银行等十部门联合出台的《关于促进互联网金融健康发展的指导意见》属于部门规章。银监会出台的《网络借贷信息中介机构业务活动管理暂行办法》和《网络借贷信息中介机构业务活动信息披露指引》属于规范性文件，其效力等级更低。因此，一旦在互联网金融信息披露方面发

---

❶ 《中国互联网金融协会信息披露自律管理规范》列出了从业机构的禁止性行为，若会员单位违反国家法律法规、监管部门的规范性文件……根据《中国互联网金融协会自律惩戒管理办法》规定，视情节轻重，给予警示约谈……或取消会员资格的惩戒。

❷ 搜狐网. 我国 ABS 信息披露规则体系的前世今生 [OL]. [2017 – 12 – 18]. http：//www. sohu. com/a/208755201_770145.

生法律争议，用法律的适用性原则来解决是很难的。

其次，惩罚性监管规则不具阻吓力。目前，我国立法对互联网金融领域违反信息披露义务的惩罚措施，在《互联网保险业务监管暂行办法》中规定终止合作或限期改正、全行业通报。《非金融机构支付服务管理办法》中规定罚款和限期改正。《网络借贷信息中介机构业务活动管理暂行办法》❶ 有关法律法规的处罚规定。其他互联网金融法律规范没有惩罚性监管规则对金融消费者进行保护。可见，现有的互联网金融信息披露责任监管规则不能有效阻吓信息披露义务人进行信息披露的违规与违法行为。

最后，诉讼机制方面的缺乏。我国虽不属于判例法国家，法官对先前的判例不会强制援引。但是诉讼对立法者的反馈在实践中起到至关重要的作用，可帮助司法实践的立法修正。互联网金融行业从业机构与消费者的利益紧密联系，在备付金的管理、格式合同、代销基金收益率的宣传等方面，如果有相关的诉讼机制，那么将对日后建立互联网金融机构信息披露的立法打下扎实的基础。

## 二、美国互联网金融信息披露监管规则

### （一）披露主体规避披露监管规则

1. 规定具体的披露内容

如美国公募股权众筹《JOBS 法案》对发行人而言规定，需要提供投资风险和其他材料相关的信息披露。

①经营财务状况的介绍。

②目前业务情况说明介绍和未来商业安排的可能性。

③针对目标发行额，对融资发行收益的目的和资金使用规划的明确说明。

④董事、高管和具有相似职能和职位的管理者的姓名、受教育程

---

❶ 《网络借贷信息中介机构业务活动管理暂行办法》第四十条规定：网络借贷信息中介机构违反法律法规和网络借贷有关监管规定，有关法律法规有处罚规定的……依法追究刑事责任。网络借贷信息中介机构违反法律规定……构成犯罪的，依法追究刑事责任。

度、经济状况等信息介绍。

⑤融资者的基本信息如居住地理位置、名称、法律身份及网站地址等信息。

⑥对融资者的资本结构和所有权的介绍。

⑦其他相关信息：如当融资者出现重大信息遗漏或虚假的情况下，投资主体可以要求退回资金，或者起诉请求损害赔偿。

⑧公布面向公众的定价方法或发行的价格，并且以书面形式向每位投资主体在发售前提供最终价格，确保投资主体拥有撤销的合理机会。

⑨定期更新目标发行额截止日期，融资者融资进展情况。

信息披露的内容和范围包括金融和非金融信息两个部分。其中非金融的信息披露主要是收益使用、风险因素、业务描述等方面。❶ 发行额度的大小决定了金融方面的信息披露。如发行额度介于小于 100 万美元大于 50 万美元之间的，需要提供的财务报表必须经过审计部门审核。发行人的发行额度介于小于 50 万美元大于 10 万美元之间的，需提供按照 SEC 设定的程序审核及专业标准的、且经独立于融资人的公共会计师审计的财务报表。❷ 类似这些法案公布的内容是强制信息披露，是互联网金融信息披露中信息披露主体的主要成本。

2. 规定信息披露主体的违规责任

美国相关法律法规规定，若信息披露主体没有依照规定进行披露，需承担违规披露的责任，主要是刑事责任和民事责任。以第三方支付机构为例：一是刑事责任。假如支付机构故意披露虚假和不实的信息，不依照监管机构所发布的要求进行披露，会受到一年以下有期徒刑或 5000 美元以下罚金的相应处罚。二是民事责任。假如机构不依照相关规定进行披露而给投资主体造成损失的，根据《电子资金划

---

❶ 15 U. S. C. § 77d - 1（b）（2012）. https：//casetext. com/statute/united - states - code/title - 15 - commerce - and - trade/chapter - 2a - securities - and - trust - indentures/subchapter - i - domestic - securities/section - 77d - 1 - requirements - with - respect - to - certain - small - transactions.

❷ 之后颁布的《众筹条例》对《JOBS 法案》的最初确定标准进行调整，降低了部分信息披露审计标准。

拨法》的规定，支付机构需赔偿投资主体的实际损失金额，另外还要赔付个人诉讼费用以及 100 美元至 1000 美元间不等的罚款。因此，美国对信息披露主体有较完整的披露要求，同时建立因信息披露主体的规避行为而必须承担责任的法律规定。在美国公募股权众筹《JOBS法案》中规定，不能举证证明该发行人确实不知晓，以及在尽到合理注意义务后仍不知晓该不实陈述或遗漏的，❶ 便需要承担相应责任，而且责任人的承担范围也是在不断增加。❷

## （二）信用中介主体信用失真监管规则

欧美等国家的网络借贷平台之所以运营得风生水起、风险可控，主要是因为其信用体系方面存在的优势。在美国，资金需求人只要提供身份证明，并且个人信用记录达到 520 分以上，即可在平台注册，并根据网络借贷平台对其信用评级的结果申请一定额度的借款。

### 1. 政府和市场明确分工合作的征信体系

美国社会良性运转的一个重要原因是其具有良好的信用体系。比如，P2P 行业要求平台全面获取融资者的风险信息，并对其进行准确的风险评估。P2P 在美国发展初期就被监管并明确其身份，所以可以合法地、较顺利地获取融资者的信息。同时，美国通过立法的方式对征信信息的征集、处理和使用做出规范和要求，使征信机构可以和消费者的雇主、信贷机构、政府机构等进行合作，从而获取消费者的身份信息、信贷信息、公开信息等全面信息，进而对其风险做出科学评估。在整个征信体系的建设和运营中，政府和市场进行了明确的分工。政府及协会主要负责对行业的监管，并设立中央征信系统。而市场通过征信公司的高效、竞争性运营，为 P2P 网络借贷机构等信息使用者提供服务。政府和市场的明确分工及合作，使美国征信体系具有高度的市场化特点，同时为 P2P 网络借贷机构的发展提供了坚实的监

---

❶ 15 U. S. C. § 77d－1（c）（2）（B）（2012）. 原文为 "that the defendants did not know, and in the exercise of reasonable care could not have known, of such untruth or omission."

❷ 15 U. S. C. § 77d－1（c）（3）（2012）. 原文为 "any person who offers or sells the security in such offering."

管和市场环境。❶

2. 完善的信用评分系统

2006 年 P2P 平台 Prosper 在美国创立，交易金额每年超过 1 亿美元，目前投资主体与注册借款人数量已高于百万。Zopa 的运营模式和 Prosper 相像，两者都是通过传递借贷双方的信息与需求，为双方提供交易平台的金融中介机构，但两者在对借款人信息的处理上存在差异。Prosper 依据通过庞大的数据库把融资者的历史信用信息进行记录、整理和分析，然后得出融资者在不同项目指标上的得分，根据得分原则进行对应评级，同时规定融资者所能申请的还款利率需根据其信用等级进行确定，高的利率一般会被指定给信用等级不高的所谓高风险者。另外，Prosper 的投资主体需经历一个拍卖的过程才能贷款给借款人。投资主体需对感兴趣的借款项目进行第一轮投标，在第一轮投标入围的投资主体能够在借款人的投资名单中保留修改自己所要求的还款利率的权利。在美国 Prosper 用户群飞速扩展，因这种投融资模式极大地降低了借款人的融资成本。当然，公司自身良好的信用评分系统和国家完善的银行个人信用评级都是美国 P2P 市场迅猛发展的重要因素。Prosper 的借款人评分系统是按照 FICO 制定的对借款人的负债状况、还款能力、道德品质、财务状况等方面进行评估。Experian 消费信用评估公司对这套评分系统中的不同消费者的各项指标进行评分和加总。然后跟同类借款人进行信用评级比较，因此该评分系统的信用评级并不是一成不变的，而是随时间和人的不同在不断改进和完善。美国的 Prosper 公司规定在互联网金融平台上实施借贷交易的主体必须具有美国合法公民身份，向平台提供社会保障号、个人税号、银行账号等信息，并且个人信用评分要达到 640 分以上，才能通过初步审核。Prosper 公司除了由 Experian 公司提供的信用分数外，还提出了一个需平台内部根据客户的历史数据确定的一个 Prosper 分数；Prosper 分数分为七个级别，依次是 AA、A、B、C、D、E、HR，经

---

❶ 徐苗溪. P2P 网络借贷平台的监管制度研究［D］. 天津：天津工业大学，2017：18.

过初步审核以后，借款人的借款金额和借款利率由 Prosper 分数的高低决定。另美国 Lending Club 公司设置的标准也是很严格的，尤其对借款人要求至少有三年的信用历史，并且最低的信用级别的评分不能低于 660 分，不包括房贷的负债/收入比低于 40%。Lending Club 公司有一套自己的系统给借款人评分，有 35 个评级，分别从 A1 到 G5。依照借款人信用评分的高低确定借款的利率高低，若借款人的信用等级太低，那么借款事项就会被 P2P 网络借贷公司拒绝。

### （三）投资主体非理性行为监管规则

#### 1. 美国投资主体的保护规则

美国对投资主体的保护主要从以下几个方面展开：投资主体教育、惩罚违法行为者、追回损失以及制定新规则。在《多德—弗兰克法案》（*Dodd – Frank Act*，后称《Dodd – Frank 法案》）颁布之后，美国成立了投资主体咨询委员会（Investor Advisory Committee），该委员会是由 SEC（美国证券交易委员会）以外的专家、学者等组成的非营利性机构，其目的专注于促进投资主体利益保护，分析 SEC 规则对于小额投资主体的影响并且提出相应改革措施。

具体而言，对小额投资主体的保护有以下三个方面。

①制定新规则以保护小额投资主体。例如，《众筹条例》设置了"坏孩子"（Bad Actors）条款实现对小额投资主体的保护，主要是借鉴《多德—弗兰克法案》的先进措施。❶ 通过设置投资额上限对小额投资主体进行保护，这是股权众筹为证券法理论带来的最大创新。❷ 由法律强制设置统一标准，把投资主体的投资额度控制在一定范围内，额度标准依据个人的净资产数额和个人收入水平设计。如此，当投资主体的投资遭到失败时，不至于使个人的财产全部损失，这样也可实现小额、大众的目的。

②小额投资主体教育。保护现有及潜在投资主体的一个首要途径就是对小额投资主体进行教育。比如设置日常接待投诉和查询窗口，

❶ 杨硕. 股权众筹法律问题研究［D］. 长春：吉林大学，2017：48.
❷ 郭峰. 证券法律评论［M］. 北京：中国法制出版社，2016：54.

像 SEC 在下属的投资主体教育与宣传办公室（Office of Investor Education and Advocacy，OIEA），向投资主体提供宣传和教育资料。还有，SEC 为帮助投资主体了解风险，给投资主体提供教育工具，通过 OIEA 发布投资主体公告和警告，这样可以减少或避免其被欺诈的可能性。SEC 时刻提醒投资主体，"不要投资那些你不熟悉的金融产品，并且在投资前一定要提出疑问进行调查研究，避免被欺诈。因为很多东西听起来是非常好的，你担心是骗局，实际上往往就是骗局。"再有，SEC 会定期发布关于常见的欺骗现象进行公告，尤其是一些比较容易上当的人群（如老年人在社交媒体或在使用网络中遭受欺骗的事件进行广而告之）。

③通过执法手段保护小额投资主体。SEC 保护小额投资主体的重要途径是执法手段，执法队伍遍布在市场每个区域。因此，现场执法队伍是非常强大的。为能追回被欺诈的损失，实现减少违法行为的有效手段就是积极执法。

另外，美国 P2P 监管体制对于消费者的保护从消费者意识、消费者公平、消费者隐私三个方面进行。● 在消费者风险意识方面，美国证券交易委员会（SEC）要求 P2P 平台每天提交贷款列表，为保证当有消费者对 P2P 平台提起法律诉讼时，以存档记录来证明其是否存在以错误信息误导消费者行为。同时，SEC 要求 P2P 平台所提交的注册文件和补充材料中必须涵盖经营状况、潜在风险因素、管理团队构成、公司财务状况等广泛信息。在消费者公平保护方面，为弥补投资者不利的融投资地位，金融消费者保护局成为消费者交易中遇到不公平条款或者交易过程不平等对待的直接保护人。保护局制定规范金融消费品与服务的法律法规，接受包括投资主体在内的金融消费者的投诉，并通过调查传唤等方式监察金融服务机构的违法行为，并对不公平交易行为进行严厉的行政处罚。在消费者隐私权保护方面，金融保护局明令禁止借贷平台在不经过投资者同意的情况下将借贷人信息与

---

● 王朋月，李钧．美国 P2P 借贷平台发展：历史、现状与展望［J］．金融监管研究，2013（7）：38．

交易记录等有关的隐私数据传播给第三方知晓，并且应当通过明显易懂的标识，向网络借贷双方在居间服务合同中明示关于隐私保护的重要条款。使网贷融资者尽可能多地了解 P2P 平台，理解 P2P 借贷的内在风险；帮助消费者衡量自身风险承受能力，开展多元化投资，理智地参与 P2P 网络借贷或其他贷款。

2. "消费者金融保护局"对投资主体非理性行为的保护

在 P2P 领域，美国除由 SEC 通过反欺诈和信息披露手段保护投资主体外，还建立了"消费者金融保护局"这个专门机构对 P2P 投资主体进行保护，并且引入合格投资主体规则。美国各州监管机构要求 P2P 投资主体要具有相应的投资知识和风险意识，具有适当的家庭收入额度和家庭净资产额度。平台主体还会制定投资金额限制规则，如 Prosper 要求个人的借款不得超过 500 万美元，机构的借款额度不得超过 5000 万美元。在股权众筹领域里，SEC 于 2015 年通过的《股权众筹规则》对投资主体众筹金额进行了限制。12 个月内公司通过众筹平台获得的最大额度限定为 100 万美元。根据个人年收入和净资产限定个人 12 个月内所有的股权众筹投资总额。若净资产和年收入其中一项未超过 10 万美元，则年投资总额要低于 2000 美元，若个人净资产和年收入都超出 10 万美元，则年投资总额不能超过 10 万美元。可见，美国针对投资主体非理性和救济能力不足的问题，主要从制定投资金额限制、投资主体的教育、追回损失、惩罚违法行为者等监管规则来规避。

（四）监管主体监管权力分配规则

美国互联网金融监管格局是"联邦—州—行业协会"三足鼎立，州一级监管部门起到关键作用，对互联网金融进行严格监管。因此，美国是实行多层次的监管体制。美国作为联邦制国家，其金融监管理念表现为以下三层含义。

①联邦政府在其权力范围内享有最高权力，但其权力范围有限。

②美国各州的监管具有一定优势，可以内化成本和收益，最大化州内社会福利。

③当各州之间的监管具有外部性时，联邦干预具有正当性。

美国在 1996 年通过《全国证券市场改善法案》（*National Securities Markets Improvement Act of* 1996，NSMIA），对金融发行监管权力的分配结构进行了明确的规定，包括以下三层含义。

①各州层面的"蓝天法"，通过有效控制股权进入投资领域来保护投资主体。

②联邦层面的专属管辖，又称为联邦免注册证券（Federal Covered Securities），指在美国证交会注册的投资股权、在全国股权交易场所和纳斯达克股权交易的金融。

③为了降低联邦与州之间管辖权重叠问题，对不属于"联邦专属管辖的金融"或不属于"州豁免注册范围"的金融，才进入州实质审核范围内，履行双重注册义务。

互联网金融最先兴起于美国，但美国证监会（SEC）并未针对该新兴行业制定特有的监管法律框架，仍沿用已有的监管法律框架并在已有的联邦监管法律下，针对互联网金融市场监管存在的漏洞进行修订完善。

以 P2P 行业的监管为例。美国采用的是联邦制，主权由联邦和各州共享，对于 P2P 行业的监管也建立了联邦和州的监管体系。美国的核心监管机构是 SEC、采用州与联邦共同监管及多部门分类监管的监管体制。对借款人的保护由新设立的消费者金融保护局（Consumer Financial Protection Bureau），州一级的金融监管部门及联邦存款保险公司（Federal Deposit Insurance Corporation，FDIC）负责。保护投资主体是由州一级证券监管部门和 SEC 共同负责。美国 P2P 行业的监管：一是为避免投资主体因投资损失而造成生活无法继续的情况，各个州会对投资主体的资格进行审核和检查，要求其具有"适当性"；二是州与联邦的监管体系是垂直关系，同时保护消费者权益联邦到各州都贯彻实施进行监管；三是坚持监管的大原则即规则导向，通过制定详细规则，同时将其纳入证券法的调整范围，P2P 网络借贷平台主要由 SEC 进行监管，并要求 P2P 网络借贷平台按照证券法的规定要求按时披露相关平台的数据；四是监管部门根据自身监管职能进行监管，如保护消费者的利益，对欺诈、不公正的行为，消费者金融保护局会进行处理。

美国的 SEC 对 P2P 网络借贷平台的监管要求非常严格，如 P2P 平台想在其他州进行业务拓展，须获得在该州范围内向居民销售贷款的资格凭证，通过在州一级的证券监管机构进行登记。比如有些州会同时批准 Lending Club 和 Prosper 登记，有些只批准一个登记。目前，允许居民通过 Lending Club 平台进行贷款的有 44 个州，允许居民通过 Lending Club 平台进行直接投资的有 26 个州。大部分州采取的是以信息披露为主的监管方式跟 SEC 披露要求类似。为使投资人能够做出正确的投资决策，需保证所披露的信息可以被投资人充分了解，所以监管机构要根据平台所披露的信息，对平台进行评估。对投资人的财务资质部分，州一级证券法案都有具体的规定。比如，要求投资主体的净资产或年收入必须高于某一限制，且投资总额必须低于净资产的10%。另外，一些州还对投资主体的财务提出要求。一些州规定投资在 P2P 收益权凭证的总额必须低于净资产的10%，同时投资人的净资产或年收入必须高于某一限制。这种严格的监管规定极大地减少了投资主体的风险，也规范了行业的健康发展。

美国政府对 P2P 采取现有分层监管体制，并没有制定特有 P2P 的法律法规。需在 SEC 登记，另外还需要取得各州的许可证，同时联邦机构（如 FDIC—联邦存款保险公司、FTC—联邦贸易委员会等）及各州也会对 P2P 借贷行业进行监管。此外，消费者金融保护局（CFPB）也要对其行为进行监管，因 P2P 借贷业务会涉及消费金融。因此，美国 P2P 网络借贷公司在多层次的监管体制下，同一个项目在同一家公司经营但需在不同的州和不同的监管部门进行重复登记，并且州与州之间的监管要求往往还存在差异。另外必须在 SEC 进行登记，所以美国对 P2P 网络借贷公司的监管是比较严格的。同时，大量电子商务及与消费者贷款相关的法规也对 P2P 平台进行相关规定，比如《真实贷款法案》中要求 P2P 网络借贷平台及时披露贷款申请内容，而其他一些法规通过间接的形式对 P2P 网络借贷平台进行监管，如对平台合作机构的规范来保证 P2P 网络借贷市场的发展。因此，很多规模不大的平台在美国繁杂的监管细则下只能选择退出该行业，这种监管所产生的高昂成本使这些小规模的 P2P 平台无力继续，所以这种严格的行业准入监管体制阻碍了 P2P 行业的创新性发展，也是造就了现行两家独大 P2P 平台的原因，但多层次的监管体制有效地防范了 P2P 行业风险，促使其健康发展。美国 P2P 行业实行联邦、州共同监管及多部门分头监管的监管权力架构。P2P 网络借贷是属于证券化的消费借贷模式，既是证券的发行方，也是连接借贷双方的桥梁，同时担任确定借贷的利率事项，因此，美国的 P2P 网络借贷同时接受银行监管法案、消费者信贷保护法案和证券监管法案的监管。这些法案从不同角度对融资者和投资主体进行保护，降低了借贷双方所遭遇的各种风险。❶因此，美国的互联网金融规制是以立法为核心的多部门分头规制，并与行业自律相结合，同时州一级监管部门进行严格监管的多层次监管格局。

### 三、英国互联网金融信息披露监管规则

#### （一）披露主体规避披露监管规则

英国披露主体规避披露的监管规则包括以下三个方面的内容。

①对借款人严格限制条件和明确规定。2014 年 3 月，FCA 正式发布的《关于网络众筹和通过其他方式发行不易变现证券的监管规则》（以下简称《众筹监管规则》）在信息披露方面规定，P2P 平台对利率的说明必须做到无误导、公平、清晰，对其所从事的业务必须明确告知消费者，平台上只要做出跟投资建议有关的任何事，都视为金融销售行为，并且必须遵守金融销售的相关规定。❷ 全球第一家互联网金融平台 Zopa 公司，是英国也是欧洲最大的互联网金融网络借贷平台，其坏账率较低，运营情况一直比较稳定，这与 P2P 平台必须定期向 FCA 报告相关情况，以及英国具有优质的借款人和完善的监管体制是息息相关的。Zopa 公司明确规定借款人的权利和义务，对其有严格的限制条件。一是借款期限是根据借款人的借款金额限定为两类分别是

---

❶ 陈伟，涂有钊. 美国 P2P 网贷的发展、困境、监管及启示 [J]. 西南金融，2017（1）：16 – 18.

❷ 易燕，徐会志. 网络借贷法律监管比较研究 [J]. 河北法学，2015（3）：85 – 86.

4~5年和2~3年，具体选择何种类别由借贷双方自由沟通决定，在借款期限没有约定的情况下，借款期限需与借款金额成正比。二是对借款人自身的规定，借款人必须是英国公民身份且已满三年，年龄不能小于20周岁，年收入要高于12000英镑，而且信用情况要良好。三是Zopa公司向借款人收取手续费与我国规定的时间不一样，英国是在对借款人的借款请求审核通过就可以向借款人收取手续费，我国是在合同成立时收取费用。四是借款金额，Zopa公司对借款人最高的借款额度没有进行明确要求，但规定最低的借款额度不能少于10英镑。

②加入金融反欺诈协会。在《众筹监管规则》发布之前，英国P2P网贷监管更加注重宽松的非审慎型监管，关注平衡效率与安全的问题。2011年通过制定P2P借贷行业准则来规范运营模式和加强风险防控。同时，Zopa等P2P公司加入英国最大的反欺诈协会，以期尽早地发现可能出现的欺诈行为。

③信息披露重点是财务披露。如英国对第三方支付机构的披露要求。在英国的立法体系下，第三方支付机构是按照电子货币要求进行监管，因在英国第三方支付机构被当作是电子货币的融资者。英国法律规定，第三方支付机构须在金融服务局（Financial Service Authority）完成注册后，才可以进行第三方支付的业务。❶ 因此，英国电子货币中关于信息披露义务相关法律规定也是对第三方支付机构信息披露义务的规定。英国的监管机关是通过对第三方支付机构发行的电子货币进行监管，其支付额度是利用第三方支付机构的沉淀资金来确定。这些电子货币会计入货币体系的一部分，因为这些电子货币从经济学角度是作为等量的法定货币的替代物。这样，英国对第三方支付监管的模式主要是对资金上的信息披露，表现为对收费、赎回、利率、汇率等内容的披露。因此，英国对披露主体的披露义务在相关法律法规上进行了较明确的规定，并有一套相对完善的对信息披露主体违规违法行为的

---

❶ The Register of Certain Electronic Money Issuers. Electronic Money Regulations［OL］. http：//www. legislation. gov. uk/uksi/2011/99/pdfs/uksi_ 20110099_ en. pdf，January 2011.

惩罚机制。同时通过金融反欺诈协会，可以尽早地控制金融欺诈行为。

（二）信用中介主体信用失真监管规则

1. 独立的第三方征信机构

经过一百多年的不断发展，英国已经形成了典型的市场主导型的征信体系。英国征信行业商业性征信公司为主体，由民间资本投资建立和经营。这种第三方征信机构独立于政府和金融机构之外，按照市场经济的法则和运作机制，以营利为目的，向社会提供有偿的商业征信服务。其优势是市场化与商业化，征信数据多样化并全面。由于征信机构是向全社会提供有偿服务，即使是政府机构出于监管目的，适用征信机构的征信服务也是有偿的，所以征信机构的客户不仅包括政府有关机构、金融机构、司法部门，也包括商业公司、医疗机构、零售商等需要了解信用情况的机构。客户的多样化及服务的有偿性，使征信机构所提供的信息必然要求及时并全面，因此，英国的征信机构所提供的征信数据具有内容全面、更新及时、渠道多样等优势。英国的运营模式是市场化经营，征信情况的业务覆盖了各个领域，服务提供遍布全球，所以英国同时存在企业、公益性、个人多家征信机构。英国的征信业监管在市场化的大背景下运作良好。在国内法方面，英国有以《数据保护法》《信息自由法》《消费信用法》《环境信息条例》等为主的法律法规，征信的各个环节包括征信信息的采集、处理或是披露、转移在法律规制上都有严格的规定。在国际法方面，对个人数据的隐私加强保护，英国一直严格遵守《欧盟消费者信用法令》《欧盟数据保护法令》等国际性公约。

2. 完善统一的个人征信体系

英国有完善统一的个人征信体系。英国个人信用体系的完善及成熟使 Zopa 网络借贷平台的运营情况从成立到现在一直都是良好，同时也被其他地区和国家纷纷效仿。征信体系的成熟有效地对借款人违约行为的发生从源头上进行防止，为投资主体提供优质借款人信息。Zopa 平台的坏账率非常之低，运营 11 年坏账率是 1%。❶ Zopa 平台能

---

❶ Zopa 官方网站．［2017－11－08］．http：//www.zopa.com．

够直接使用征信机构所拥有的个人信用信息，这是 Zopa 平台能够良好运营的重要原因。Zopa 在信用管理方面与艾可非（Equifex）机构合作，通过艾可非（Equifex）信用评级机构对借款人的信用情况进行记录，Zopa 将借款人的信用等级分成四个级别 A＊、A、B 和 C。信用等级的高低是平台决定对借款人是否借款的依据，然后对准许借款的借款人的借款信息在平台上进行公告。贷款人根据平台的公告确定与借款人的借款金额和借款利率并确定还款期限。贷款人提供的这些条件是借款人选取贷款人合作的依据，然后双方签订借款合同达成交易。Zopa 平台为了保护贷款人的合法权益，对借款人信用风险进行控制，主要就是通过这种方式把具有潜在风险的借款人在借款的源头上进行了排除。

（三）投资主体非理性行为监管规则

1. 投资主体分类认定标准

英国《众筹监管规则》"旨建立的众筹是投资更为基础的让更多人都能参与的平台，但同时为保护投资主体的利益对其进行必要的限制"。金融行为监管局（以下简称 FCA）担心将非合格投资主体暴露在投资市场中，故要求中介机构确定潜在投资主体是否为"高净值"、"成熟投资主体"（Sophisticated Investor），并且必须符合 FCA 关于投资主体适当性测试要求，满足投资主体分类认定的标准。❶ 所谓的成熟投资主体和"高净资产"投资主体在 FCA 中都进行了具体的定义。首先，对于"成熟投资主体"的定义采用两个标准：其一，投资主体的自我认证，通过提供证明的方式进行。另外，投资主体通过自我认证的内容包括其作为天使投资成员（Business Angel Network），年收入超过 100 万英镑且是公司董事，或在之前的两年内是在相关金融机构的部门进行工作且具有两年内的投资经验。其二，投资主体通过机构颁发的合格认证，证明其具有足够的专业知识水平能够理解投资活动

---

❶ PS14/4 对投资主体做出如下规定：①专业投资主体；②有经授权的机构提供投资咨询服务的一般投资主体。

所有可能出现的风险的资格。❶ 其三，"高净资产"投资主体净资产高于 250000 万英镑（约 419000 美元）或者实际年收入要高于 100000 万英镑（约 168000 美元）。尽管 FCA 限制了投资主体类型，但是其并没有对"高净值"和"成熟投资主体"的投资限额进行限制。❷

2. 系统梳理投资主体面临的各项风险

英国《众筹监管规则》系统地梳理了投资主体面临的各项风险。FCA 在 2013 年 10 月 24 日公布了《关于众筹平台和其他相似活动的规范行为征求意见报告》，该报告肯定了众筹这一融资方式，且为众筹行业能在市场上进行有效竞争及保护金融消费者权益起到了积极的推动作用。FCA 在该份报告中的基本要求是：对众筹行业的发展应该鼓励，并在限制条件不能过多的基础上，尤其是对投资类众筹平台要做好保护投资主体的权益，本着对客户负责的宗旨，确保投资主体对可能面临的投资风险能够理解及承受。在 2014 年 3 月 6 日，FCA 通过对反馈意见充分考虑后，发布《众筹监管规则》，2014 年 4 月 1 日正式施行。《众筹监管规则》的最大特点是对投资主体所面临的各项风险进行了系统的梳理，跟其他国家相比，对风险的认识起到了一定的普及作用。主要从投资活动标志性风险、救济风险及不当建议等几个方面进行梳理。具体风险，见表 4-6。

表 4-6 投资主体面临的各项风险

| 风险类型 | 具体风险 |
|---|---|
| 投资活动标志性风险 | ①资金损失；②股权价值稀释；③不分配股息；④流动性风险 |
| 救济风险 | 如未经 FCA 授权则不被金融服务赔偿计划（FSCS）覆盖 |
| 不当建议❸ | ①无意中提供建议；②简化的建议；③全权委托投资管理服务；④其他未经许可的建议 |

---

❶ See COBS § 4. 12. 6 - 4. 12. 8, Conduct of Business Sourcebook ［OL］. ［2017 - 06 - 02］. FIN. CONDUCT AUTH, http：// media. fshandbook. info/content/FCA/COBS. pdf.

❷ 杨硕. 股权众筹法律问题研究 ［D］. 长春：吉林大学，2017：66.

❸ 提供投资建议涉及《商业行为准则》（COBS）第 9 章的适当性规则。根据《2000 金融服务与市场法》提供投资建议是受监管活动之一，需要向 FCA 申请投资咨询机构的授权。企业在利用股权众筹过程中可能会出现提供未经许可建议的情形，因而投资主体会面临不当建议的风险。

英国《众筹监管规则》为保护投资主体设立了资金隔离规则、冷静期规则和破产规则。为了提高众筹融资的安全性，在《众筹监管规则》中对投资主体进行适当性检测，对风险项目的投资主体进行限制，还赋予投资主体交易撤销权，对投资型股权众筹平台规定最低资本要求、尽职调查与信息披露义务、资金管理规则、定期报告义务（定期报告包括客户资金情况、财务状况、投资情况）等。股权众筹平台应依据投资主体的不同和投资项目的差异，所采用的警告措施也应不同，所提供的风险提示必须是易懂的、精确的、显著的、全面的。股权众筹平台需要对融资项目进行简单的介绍说明，但不能有投资建议，比如做出每月最佳投资、项目星级评价等，那需要向 FCA 申请投资咨询机构并获得授权资格。

3. 在救济方面对投资主体的保护

在救济层面，如果项目不被金融服务补偿计划（FSCS）覆盖，英国《众筹监管规则》规定投资主体必须主动披露以下具体信息，见表 4－7。

**表 4－7　投资主体信息披露具体规定**

| 投资型股权众筹 | 具体规定 |
| --- | --- |
| 投资主体的资格认定 | ①高资产投资人：年收入超过 10 万英镑或净资产超过 25 万英镑（不含常住房产、养老保险金）；②经过 FCA 授权的机构认证的成熟投资主体；③普通投资主体（有投资限制） |
| 合格投资主体的资格审核 | 投资主体适当性检测（一般平台采取调查问卷方式） |
| 投资额度限制 | ①普通投资主体（投资众筹项目两个以下的投资人），其投资额不超过其净资产（不含常住房产、养老保险金）的 10%；②成熟投资主体不受此限制 |
| 信息披露 | ①必须采用通俗易懂的语言告知投资主体其从事的业务；②必须要公平、公正、清楚、全面、无误导；③在平台上任何投资建议被视为金融销售行为，需要同时遵守金融销售的相关规定 |

英国是 P2P 起源地，相关法律和监管条例都比较全面。在 P2P 借贷中首先要遵守的法律是《消费者信贷法 1974》。在英国 FCA 虽然属非政府组织，但其监管力度和风险控制能力很强，其一般采取事前预防的思路对 P2P 和股权众筹等投资领域进行监管，较之于事中事后监

管，事前预防更有利于保障投资主体利益。FCA 于 2014 年发布的《众筹监管规则》就是针对"非上市债券"（P2P）和"非上市股票"（股权众筹）出台的规则，以"不易变现证券"来涵盖 P2P 和股权众筹的产品，其直接目的就是警示投资主体认识这类金融产品的流动性差、难以估值的特征，以起到警示风险、引导投资主体适度投资的作用。

在争议解决及补偿方面，英国《众筹监管规则》设立了一系列保护投资主体的规则。如资金隔离规则，互联网金融公司必须将平台资金与投资主体资金进行隔离。冷静期规则，若 P2P 平台不能提供二级转让市场，投资人便具有 14 天冷静期，在冷静期内，投资主体可以选择撤资，并且无须承担任何违约责任及不受任何限制，若发生争议，可以选择先向 P2P 平台投诉，若对投诉结果不满意可以继续向金融申诉专员投诉。❶ 破产规则，若 P2P 平台发生经营困难或者破产，平台应该对债务做出合理的安排，促成未完成的贷款协议继续履行。若发生优先集中事件（借款人归还平台借款而平台尚未归还投资主体的事件）应当及时返还投资人。与平台合作的第三方支付机构或者其他网络运营商，负有安排接管平台事宜的义务。

### （四）监管主体监管权力分配规则

#### 1. 行业自律协会监管

全球最早 P2P 平台 Zopa 在英国成立，一开始是处于无监管状态，虽然政府承认其合法性，可以进行业务运行，但未确立其监管机构，所以处于野蛮发展的状态。2011 年 8 月 15 日，英国以 Rate Setter、Funding Circle、Zopa 为代表的 P2P 行业平台，为促使 P2P 公司规范化和得到公众的认可，主动联合成立了自律协会组织 P2P 金融协会（Peer to Peer Finance Assocation）。P2P 金融协会为保障金融监管的有效性及行业能够持续、健康、快速地发展，在其章程中规定了 P2P 行业发展的基本内容、包括高级管理人员的资格、最低营运资本的要求、客户资金的存管方式、适当的信用和支付能力评估、适当的反洗

---

❶ 易燕，徐会志. 网络借贷法律监管比较研究 [J]. 河北法学，2015（3）：85－86.

钱和反欺诈措施、清晰的平台规则、营销和客户沟通、安全的网络系统、公平处理投诉、有序破产等内容。在 P2P 行业不断持续发展的同时也出现违约违规与违法的金融欺诈现象，政府意识到权威监管主体对互联网金融监管的紧迫性。

2. 政府监管

2013 年，英国金融服务监管局（FSA）负责 P2P 行业。金融市场行为监管局（FCA）在 2013 年成立，替代金融服务监管局（FSA）开始对互联网金融行业进行监管。在 2014 年 3 月，FCA 发布了全球第一部 P2P 网络借贷行业法案《众筹监管规则》，确立了对 P2P 网络借贷和股权投资型众筹的监管标准。❶《众筹监管规则》规定了对互联网金融平台的客户资金管理、合格投资者、最低资本额度、争端解决机制、定期报告等各个方面进行了较全面的规定。由 FCA 监管P2P，至此，英国 P2P 行业的权威监管部门是 FCA。其实，从英国各方面表现出来的情况表明，相比 FSA（金融服务监管局）而言，FCA在互联网金融行业的监管对借贷人权益的保护更有效。

3. 政府监管与行业自律双重规制

英国 P2P 网络借贷平台的监管过程是先行业自律，后政府监管，最后是行业自律与政府监管双重监管的格局。具体特点是：其一，原则性导向监管。FCA 关注的是关于整个行业的发展状况，所以 P2P 网络借贷平台宏观层面的监管主要是由 FCA 负责。其二，监管主体较单一。英国对 P2P 网络借贷平台的监管通过 FCA 这个组织制定相关规定并查处违规与违法行为。其三，行业自律协会在对 P2P 网络借贷平台的监管方面有举足轻重的地位。P2P 金融协会制定的规则弥补了法律法规的不足，对 P2P 网络借贷平台的监管侧重于微观层面的关注，比如对会员的管理具有细节化和具体化的特点。所以，英国监管主体的监管格局的特点是专门监管机构（FCA）和自律组织（P2PFA）共同监管的架构。另外，FCA 始终把保护金融消费者作为监管的首要任

---

❶ 英国 FCA 将 P2P 网络借贷纳入众筹监管范畴之内，这与美国《JOBS 法案》单独规范众筹（crowd funding）的立法方式不同。

务和核心位置，始终从投资主体的角度出发，促使 P2P 网络借贷平台不断采取措施维护投资人的利益，建立能够切实保护投资客户权益的监管规则，以增加投资主体对 P2P 网络借贷市场的信心。金融行为监管局（FCA）是主要负责监管 P2P 行业的政府部门。至此，英国互联网金融监管的监管格局经历了从最初的无监管状态，到行业协会的自律监管，再到以政府监管为主、以自律协会监管为辅的全方位监管，是保障英国 P2P 行业稳定发展的基础。因此，英国的互联网金融监管规则，采用政府监管与行业自律双重规制的格局。

## 四、对我国互联网金融信息披露监管的思考

英美等发达国家的互联网金融市场发展早于国内，其学术界关于互联网金融信息披露监管的研究较多，监管部门的监管经验也相对较丰富。因此，本书试图通过对域外研究成果和监管经验的归纳与总结，为我国解决互联网金融信息披露方面存在的问题提供相应的对策，使我国互联网金融信息披露更符合投资者的需求，使融资方和平台在规范完善的信息披露监管规则下得到健康发展。但我们需要批判性吸收美英两国互联网金融信息披露监管规则经验，结合我国现行发展状况，因地制宜，完善符合我国实际、有利于实现互联网金融信息披露监管规则的构建。

### （一）互联网金融法律法规的完善性

美国的互联网金融信息披露已有比较完善的法案，对信息披露要求做出了明确规定。美国互联网金融监管体系涵盖银行监管、证券监管和金融消费者保护三大方面，囊括《1933 年证券法》《公平借贷法》《蓝天法案》《金融服务现代化法案》《多德—弗兰克法案》，还有《促进创业平台融资法案》（JOBS 法案）等多部法案。英国金融行为监管局 FCA 于 2014 年 3 月发布的《众筹监管规则》对 P2P、股权众筹等互联网金融行业进行监管。对信息披露主体的披露内容进行严格科学设计，并有一套相对完善的对信息披露主体违规与违法惩罚机制。

## （二）投资主体的非理性保护机制

美国制定信息披露的文件必须是易读、可读、简短、通俗、易懂。前面所述美国对投资主体的保护主要是从对投资主体的教育、惩罚违法行为者、追回损失以及制定新规则等监管规则进行投资主体的保护。英国实行投资主体分类认定标准。英国《众筹监管规则》系统地梳理投资主体面临的各项风险，同时通过资金隔离规则、冷静期规则和破产规则等规定保护投资主体。

近几年，在高风险的小微融资领域关于投资主体适当性监管理念广受欢迎。美国2012年通过的《JOBS法案》，对投资主体投资小微企业的投资额度标准是将以投资主体的资产净额和年收入作为一项限制标准，比如年收入少于10万美元的投资额度要少于净资产的10%。[1] 英国《众筹监管规则》也有相似的规定，假如投资主体的投资项目只有两个，那么投资额度要少于净资产的10%。[2] 我国互联网金融信息披露的投资主体主要是那些分散的、资金少、承担风险能力较弱、对互联网金融相关知识不了解的且并不具备一般金融专业知识的社会大众。因此，对于这些投资主体来说，我国目前在信息披露监管规则方面对其提供的保护，还是十分有限的。

## （三）公开、完善的征信体系

英、美等国都有较完善的征信体系且征信系统在全国的覆盖率较高，具有良好的外部支持和征信环境，独立的、专业的第三方征信机构对国内相关机构及各个自然人进行信息采集，按照统一标准、格式等方式对信用数据进行科学的、准确的评估形成有偿征信报告，从而使互联网金融市场稳步、健康地发展。在美国，FICO等公共征信系统在FinTech发展中起到了大规模获客、全面数据获得、评价标尺等作用。征信系统是公共基础设施，应该向所有从事金融业务的机构开放（当然在个人授权的前提下）。跟美国相比，征信系统在中国还有

---

[1] See 2012 US Jumpstart Our Business Startups Act（JOBS Act），supra note 29，art. 304.

[2] See 2014 UK The FCA's Regulatory Approach to Crowd Funding Over the Internet and the Promotion of Non - Readily Realizable Securities by Other Media，supra note 30，art 12.

另外两个方面的作用。其一，决定其获客途径；其二，产品标准化的支撑。如果建立一个综合各个金融机构数据、由用户本人授权进行使用、征信中心统一监管调度的征信系统，实现大数据的标准化，则对进一步的资产标准化有强大的支撑作用。

英、美等国 P2P 网络借贷的交易，从申请到贷款可以全部在网上操作，其中一个重要的原因就是他们有相对完善的网络体系，在贷款人需银行为其出具贷款信用报告数据之前信用信息已在网络体系里。如此，这种完善的网络信用体系大大地降低了审计成本。所以，在国外，特别是在英国和美国，两国 P2P 贷款行业发展如此之快，在很大程度上依赖于其成熟的个人信用体系和标准、市场运行和数据巨大的信用服务机构。

### （四）注重行业协会的作用

美英两国都非常重视行业协会自律组织的积极作用。美国互联网金融监管格局是"联邦—州—行业协会"三足鼎立的监管格局。英国监管主体特点是专门监管机构（FCA）和自律组织（P2PFA）共同监管。因此，我国互联网金融行业协会至少可以从三个方面发挥作用。首先，行业协会连接在监管与从业者之间，有利于二者信息沟通。其次，行业协会可以使监管政策的落地更加平缓。行业协会在政策制定与执行中，起到了缓冲层的作用，对行业的平稳过渡有重要作用。最后，行业协会在某种程度上可以成为监管实验的沙箱。

纵观国内外，不论是互联网金融发展已经较为成熟的国家，还是我国的其他较为成熟的领域，行业的自律监管都发挥着比较积极和显著的作用。设立协会为主体的自律组织，行业协会的会员为本行业的参与方，也就是本行业的从业者。行业自律组织与专门的金融监管机构相比较，其具有比较高的专业性，接触的信息更为真实和有效，因此行业自律组织这样的组织形式往往能够准确地把握行业的信息，并且在此基础上制定符合金融市场规律的规章要求。因为行业自律组织更接近市场，对市场的观察更准确，组织形式比较灵活，因此能够根据行业的发展情况与时俱进地制定行业规则来进行引导与监管。行业自律协会本着服务于本行业更好发展的目标，汇总行业的整体数据，负责制定行业自律的具体条例。另外，行业自律组织可以根据实际情况设置企业的年度性、季度性，或者是抽查性质的考察。在考察中，可以对平台的风控性、设备的安全性，以及从业人员的专业性等不同方面进行考察。对于考察的结果也可设置奖励与惩罚机制。一方面，行业协会也可以组织相关的从业人员进行资格性的考试，只有通过考试取得合格证书的才能进入行业从事某类相对专业性的工作，这种考核性的提高可以对行业的整体情况进行提升，既需要包含对专业性知识的了解，以确保能够更好地完成工作，也需要对从业者的从业道德和法律观念等进行引导和考核，以确保不会进行违法行为。可以参照现有的证券资格考试来推进。另一方面，行业协会可以根据发展的需求，在发展新的业务、出台新的规章时，及时地要求各平台派遣相关的人员到行业协会进行最新理论和法规的学习，确保相关政策的落实，以及确保相关的从业人员及时地学习最新的业务处理规范。❶

## （五）政府主导的多元主体共同监管机制

美国在对互联网金融行业进行监管时，既注意到了不同行业不同业务的分业监管模式，同时比较注重不同部门之间即联邦机构与州属机构之间的协调工作。在美国，对于非金融机构的互联网金融业务的监管，主要由美国的通信委员会和贸易委员会来实施。对于传统金融机构的互联网金融业务的监管，则是由联邦和州共同协作来完成。联邦的监管机构主要由美联储、美国证券交易委员会以及国会委员会等机构共同组成，然后州政府的相关机构需要先通过审核和批准取得相关业务的监管资格，再同上述的联邦监管机构共同完成监管。英国强调信息披露监管规则，采用政府监管与行业自律双重监管，既保证互联网金融的规范发展又保持创新活力。❷宏观层面的监管主要由金融监管行为局负责，而微观层面的管理则由自律协会组织对具体规定进行细化。

---

❶ 吕玲. 对中国互联网金融行业有效监管的思考 ［D］. 北京：中共北京市委党校，2017：23.

❷ 应倩倩，刘海二. 互联网金融的规制路径研究 ［J］. 西南金融，2017（10）：53 - 54.

多元主体治理强调治理领域的相互渗透，突出了政府与社会组织之间的相互依赖关系。即使在一个组织良好的社会中，为了社会合作的稳定性，政府的强制权力在某种程度上也是必不可少的。针对互联网金融行业的监管，主要采取的是分业监管的模式。但互联网金融企业大多是混业经营，例如，同一家网络平台，它可以进行多种金融产品的销售，并不只限于对某一种专业类别产品的销售，为了获取更多的平台收益，企业并不会过多地关注这些产品的相关性。合作协调监管因此显得十分必要。具体而言，一方面需要加强不同的金融监管机构之间的合作，针对创新性的业务出现，可能会同时涉及几个部门监管，此时便需要不同的部门共同制定监管政策以便实现监管；另一方面也要加大金融监管机构与司法机构之间的合作，加强沟通，能够使监管得以落实。

因此，就当下中国互联网金融信息监管模式中的信息多元治理，需要政府（监管机关）在政策和法规的制定、公共产品供给、多元协调机制维护中发挥主导作用，并将互联网金融企业、行业协会组织、公民社会组织及新闻媒体等纳入一个合作框架之内，发挥各自优势，实现公共性、多元性、灵活性、广泛性的有效结合，增强互联网金融信息监管与治理的实效性。

## 本章小结

本章分析我国及美英两国互联网金融信息披露监管规则的具体措施，我国互联网金融信息披露监管存在信息披露主体信息披露法律法规建设滞后、投资主体非理性保护、信用中介主体监管规则缺失、监管主体职权不明确等问题。美英两国互联网金融信息披露监管规则也有不足但有值得借鉴的先进经验。美英两国在信息披露主体的违规违约行为方面都建立了较完善的法律法规，在信用中介主体的信用评级方面都有完善的征信体系和信用评分系统，在投资主体方面都有分类认定标准及消费者权益保护法。美国互联网金融的监管格局是"联邦—州—行业协会"三足鼎立、实行多层次监管体制，英国是政府监管与行业自律双重监管格局，以及两者都注重行业协会的作用，等等。

因此，新时代中国互联网金融信息监管模式中的信息多元治理，需要政府在政策和法规的制定、多元协调机制维护中发挥主导作用，并将互联网金融企业、行业协会组织、公民社会组织及新闻媒体等纳入一个合作框架之内，发挥各自优势，实现公共性、多元性、灵活性、广泛性的有效结合，增强互联网金融信息披露监管与治理的实效性。

# 第五章 互联网金融信息披露
# 监管规则构建

互联网金融的持续创新性和风险多样性意味着对其监管应该具备灵活、长效、全面和包容等特点，因此对其设计的监管规则必须建立在对互联网金融信息的充分、准确地掌握之上。正如前文所述，金融监管是以充分有效的信息为基础的，对互联网金融监管的有效设计，核心在于对互联网金融信息披露的监管。信息披露监管有三个层面的监管要求：一是克服市场障碍对该信息进行分析的能力和技术；二是能够通过观察金融市场中不同市场主体的行为异同和数字变化获得合理判断的基础信息；三是在风险社会大背景下，金融不确定性成为常态时，金融监管机构具有根据所掌握的信息和分析技能做出艰难决策的意愿和能力。[1] 对金融信息的生成、传输和使用等各环节进行有效监管，而这些环节所对应的主体就是信息披露主体、信用中介主体、投资主体以及监管主体，这些主体的技能和责任构成了信息披露监管规则的基本要求，互联网金融信息披露监管的设计也以此为依据展开。本章结合我国现有监管框架和国外经验做法以及我国实证研究、剖析的路径，就互联网金融信息披露监管的核心范畴和机制设计展开探讨，以期为互联网金融监管的长效机制建立提供一种思路。

## 一、信息披露主体监管规则的构建路径

坚持互联网金融特殊性的路径规划，就需要以现行金融市场状况

---

[1] 许多奇. 信息监管：我国信贷资产证券化监管之最优选择 [J]. 法学家，2011
（1）：50.

作为改革土壤。要建立务实的互联网金融市场，可以通过渐进式的改革路径对信息披露主体的违规与违法的后续监管规则进行配套完善。根据第三章的论证，互联网金融违约欺诈行为猖獗的根本原因是投资主体诉讼途径不畅和对信息披露主体的违规违法行为处罚力度不够。信息披露主体披露信息的质量要提高，需要披露主体自身的自觉及对市场逐利性的追求，更需要监管追责机制进行强有力的约束。因此，良好的信息披露监管规则需要相关配套机制的到位。建立通畅的退市监管规则和建立有效的诉讼监管规则，解决互联网金融信息披露主体规避问题是对信息披露监管规则统筹兼顾需要考虑的因素。

### （一）信息披露主体的成本效益分析

信息披露的质量越高，借贷双方达成融资的概率就越高，所以融资成本与披露质量呈负相关，信息披露能够有效降低融资成本是信息披露主体进行披露的直接动机。[1] 互联网金融市场的方方面面对信息披露主体的信息披露都有影响，比如互联网金融平台的价值、诉讼成本、竞争优势、投资主体的理解能力等。学术界大多数的研究都认为信息披露可以降低融资成本并能够带来预期的收益。但往往忽视信息披露本身也会产生成本，比如代理成本。信息披露的预期收益是一条脆弱的因果链，信息披露的代理成本和生产成本与信息披露的质量是息息相关的。例如，提高信息披露的正确性、及时性、可理解性等都是需要投入大量成本的。[2] 因此，我们通过对信息披露主体的成本和收益进行具体分析，研究两者的关系。

### 1. 信息披露主体信息披露的成本

信息披露主体的披露成本由直接成本和间接成本组成，直接成本是信息披露主体为了符合监管者的审核和检查，必须按要求进行信息的有效组合，也称合规成本。主要是监管者规定的强制性信息披露内容。互联网金融信息披露主体信息披露成本的具体构成，见表 5 - 1。

---

[1] 李忠. 中国上市公司信息披露质量研究［M］. 北京：经济科学出版社，2012：99 - 101.

[2] Omri Ben - Shahar, Carl E. Scheider. The Futility of Cost - Benefit Analysis in Financial Disclosure Regulation［J］. Journal of Legal Studies, 2014（43）：253 - 265.

**表 5-1 互联网金融信息披露主体信息披露成本构成**

| 直接成本 | 为准备和进行信息披露所发生的各种直接费用 |
|---|---|
| 间接成本 | 竞争劣势成本 |
| | 管理成本 |
| | 政治成本 |
| | 诉讼成本 |

如表 5-1 所示，信息披露主体直接费用的产生主要是对所要披露的信息进行收集、按监管要求对信息进行重新组合，以及为信息披露而发生的核实信息、验证信息、信息的传递、对信息咨询需进行回应和处理及可能发生的各项审计等费用。这些直接显现的信息披露成本因信息披露主体本身状况的差异而不同，如平台的规模、平台的运营状况、平台的治理效果、会计准则以及平台的财务状况等因素的影响，产生的直接成本也会有差异。规模越大、治理效果越好的平台，其满足政府合规性监管的可能性也越大。

信息披露主体可能要产生的间接成本包括：

①竞争劣势成本。所谓竞争劣势成本是信息披露主体被行业内的竞争对手利用信息披露的透明度要求，掌握其自身的内部信息，其进行策略改变而可能造成的损失，或者因信息披露主体把内部问题通过信息披露的方式进行披露而给问题解决带来更多不利的影响，以及可能因信息披露失去客户（投资主体）的损失。

②管理成本。主要是指对管理者行为进行约束而产生的成本，即信息披露主体为了满足信息披露的要求和预测的指标而被迫放弃其他利益，给平台的发展造成的损失。

③政治成本。披露主体因披露信息而增加的（如税款征收等）项目的成本。

④诉讼成本。信息披露主体可能因信息披露而遭受诉讼风险，包括聘请律师而支付的费用、进行应诉答辩产生的时间成本以及收集相关证据所产生的费用等。

这些因信息披露而产生的成本，并不能直接以一种规范的形式显现出来。信息披露若只会产生成本而无收益，披露主体就不会有披露动机。因此，研究信息披露对信息披露主体的成本与效益之间的关系，我们还需要了解信息披露给信息披露主体带来了什么效益。

2. 信息披露主体信息披露的效益

根据经济学家们对信息披露质量的研究证明，信息披露主体高质量的信息披露会带来诸多效益，主要包括：

①提高资信评级。高质量的信息披露有助于得到金融师、金融业学者、律师等专家对信息披露主体的青睐。这样可以降低资信评级机构对互联网平台的不确定性和分歧，因此，信息披露主体价值的提高，更容易受到投资主体和金融分析师的信赖。

②提高声誉和形象。信息披露可以减少信息不对称，增加互联网金融披露主体价值，避免"劣币驱逐良币"现象。

③降低融资成本。委托代理理论指出，信息披露的规范化使信息披露主体的透明度得到提高，信息不对称的程度会减轻，披露主体的代理成本也会减小，披露主体的治理效率得到提高，随之披露主体的价值也得到提高。

重要的是投资主体与互联网平台之间的信息不对称程度的缩小有利于降低平台和投资主体的风险系数，有利于双方达成借贷交易。在实证研究中发现，高质量信息披露降低披露主体融资成本的结论，是相较于传统金融而言，我国互联网金融市场表现的并不明显。对互联网金融平台的价值判断，投资主体并没有把信息披露质量作为一个重要参考因素。因此，在保证信息披露质量的前提下，如何降低信息披露的成本，需考虑信息披露在合规的基础上怎样对信息披露成本进行浓缩。

## （二）信息披露结构优化

在制定信息披露规则时，必须充分考虑信息披露的成本控制，按照信息披露主体融资额度不同，建立分层财务信息披露制度和持续信息披露制度，明确最低标准的强制披露信息范围，而并非学界普遍主张的提高信息披露标准。我们需要对信息披露内容结构进行规则设计，在信息披露合规成本与收益上做出比例分配和细化标准，在使信息披露主体成本效益最大化的同时，保护投资主体的知情权。

1. 聚焦信息披露内容，进行实质性披露

互联网金融信息披露内容并不是越多越好，从网络化角度看，我国目前的信息披露其实是太多而不是所谓的太少，但披露内容不够聚焦、不够显现重点。以公权力的介入降低互联网金融市场中的信息不对称，通过政府的力量对信息披露进行强制规范，即对信息披露主体制定一套信息披露规则和披露范围，进行强制信息披露。但强制信息披露也有可能会产生新的问题，假如监管机构对信息披露的范围要求过宽，对于某些特殊信息，比如涉及互联网平台内部商业秘密的，监管者并不需要而且投资主体也不必知晓，况且这种披露也是不符合市场规律的。对投资主体而言，并不是信息越多越好，过多的信息会导致投资主体判断信息的成本增加，或者投资主体不具备在这种条件下的研究和分析能力。对于信息披露主体而言，仅仅是为了满足政府监管的合规性进行披露，这种强制性信息披露范围过大，很可能导致披露主体披露信息的形式化。而对于信息披露主体而言导致信息披露的直接成本增加。所以，强制性信息披露的内容在规范的同时应该聚焦，需要控制在合理的区间内。❶

信息披露的具体内容可以参考《JOBS 法案》中信息披露的框架。

①经营财务状况的介绍。

②目前业务情况说明介绍和未来商业安排的可能性。

③针对目标发行额，对融资发行收益的目的和资金使用规划的明确说明。

④董事、高管和具有相似职能和职位的管理者的姓名、受教育程度、经济状况等信息介绍。

⑤融资者的基本信息如地理位置、名称、法律身份及网站地址等。

⑥对融资者的资本结构和所有权的介绍。

⑦其他相关信息：如当融资者出现信息重大遗漏或虚假披露的情

---

❶ 常健，罗伟恒. 论我国信用违约互换（CDS）风险的法律防范——基于信息披露规则完善的视角［J］. 上海财经大学学报，2017（3）：126 – 127.

况时，投资主体可以要求退回资金，或者起诉请求损害赔偿。

⑧向公众公布定价方法或发行的价格，并且在发售前以书面形式向每位投资主体提供最终价格，确保投资主体拥有撤销的合理机会。

⑨定期更新目标发行额截止日期、融资者融资进展情况等实质性内容。

国内互联网金融信息披露多是形式性披露，比如对公司高管、运营数据、安全保障、项目的部分信息进行披露，以及口径并不统一的所谓"坏账率"，等等。英国互联网平台普遍公开贷款期限、贷款违约率、相关手续费和融资项目风险等内容，美国 P2P 平台则在如上基础上更多披露平台的运作模式、风险因素、财务数据等。因此建议当前国内互联网行业应该积极借鉴欧美等发达国家互联网金融信息披露方面的先进经验，聚焦信息披露内容，注重实质性披露。

2. 简化披露内容，格式规范化

在互联网金融强制信息披露部分，存在两个制衡因素。首先信息披露必须满足监管的合规要求，其次通过简化、格式化等措施尽量浓缩其披露成本。在规范格式方面，借鉴美国的综合信息披露监管规则，主要包括 S 系列和 F 系列表格及《规则 S—K》。披露内容主要分为两部分：一部分是软信息，对互联网金融信息披露而言主要是信息披露主体的基本情况和平台管理层的管理素质。比如平台的合格证件、平台团队、平台办公环境、控股股东及实际控制人情况等。另一部分是硬信息，是信息披露的重点，属于数量上的信息，比如平台的财务报表，披露平台的资产、负债和利润等经营状况的信息。

3. 以"重要信息"作为信息披露的履行标准

"重要信息"标准包括两方面内容：重要事实和重要变化。"重要信息"标准是维护互联网金融行业声誉和保护投资主体的重要手段，同时也是信息披露主体的披露义务原则。本书认为，"重要信息"的标准，必须在以下三个方面之间达到平衡。一是该标准信息披露的内容不能过多地影响信息披露主体的正常运营发展，使其承担过重的信息披露义务。二是该标准要考虑所提供的信息是不是投资主体做出合理决策的必要信息，哪些关键信息不可遗漏。三是互联网金融市场关于

"重要信息"标准我们需考虑其特殊性。一方面，互联网金融市场的许多投资者都是缺少专业投资知识的一般投资者，对于价格信息的理解与吸收难以完全达到理性投资者的水平。大众化的投资者往往想从互联网金融投资中获得一定收益，大多数对于确定价格的假设模型很难做到消化并据以做出理性的投资决策。而传统的"重要信息"标准往往是将影响理性投资人在有效市场中做出投资决策的信息作为衡量标准，这显然不利于互联网金融市场中对一般投资者的保护。另一方面，在互联网金融市场中，专业投资者可以理解并吸收的价格信息，一般投资者有可能难以消化，而这种信息的供给并不足以保证信息披露的公平、公正性，反而有可能加剧信息不对称。因此，美国《JOBS法案》中关于披露"价格或确定价格的方法"的表述过于含糊，难以满足股权众筹一般投资者对该类信息的需求。基于上述分析，建议在界定互联网金融信息披露"重要信息"标准时，应以该市场中最不精明的投资者对信息的理解与需求为标准。

如此，信息披露结构设计的披露内容以"重要信息"之标准的实质性信息披露，作为互联网金融市场信息披露所遵循的理念，从浓缩合规成本到创造自愿披露内容使效益最大化作为转型路径。对于目前发展不够成熟的互联网金融市场环境而言，通过监管机构的强制信息披露进行合规监管的路径，提升信息披露主体的披露质量，或只凭这种行政声誉的约束达到控制信息披露主体的违约违规等欺诈金融事件的发生，是远远不够的。还需要依靠专家、会计师、金融分析师、行业协会等外部信用测评机构对信息披露主体的信用声誉进行评级的信息，从而提高互联网平台在投资主体中的价值，促进双方交易，使信息披露主体达到信息披露的成本效益最大化。

（三）建立信息披露主体退市监管规则

根据第三章的论证，互联网金融信息披露的易篡改性、隐蔽性及超链接性等特点助长了信息披露主体的信息披露规避问题，但违约违规现象严重的根本原因是互联网金融信息披露责任制度缺失、欺诈的违规违法成本过低以及诉讼途径不畅。所以，从信息披露成本效益理论分析，现实障碍呈现出信息披露主体违规违法成本过低的状态，通过建立通畅的退市监管规则和建立有效的诉讼监管规则，以提高信息披露主体违规违法成本，来抑制互联网金融信息披露主体的欺诈等违规违法现象。信息披露监管的退市监管规则，应把握好两个方面：一是建立因互联网金融信息披露主体的违规违法而退市的监管规则；二是关于互联网平台专项退市信息披露机制。

1. 因信息披露重大违规违法强制退市监管机制

深层次探讨互联网金融信息披露中因信息披露违规违法而使信息披露主体退市的规则制定，需要明确退市监管规则与信息披露监管规则两者之间的内在关系。信息披露内容的重大违规违法为什么必须退市？其内在法律逻辑在于从互联网金融市场肇生之初，便是强调自我约束、诚信为本的场所，其繁荣的根源不在于管制，而在于信用。❶监管手段再复杂、再有效，也难以抑制人类本身对资本运作的内在贪欲。

我们必须统一退出机制的判断标准，必须严格建立和实施对信息披露主体违规违法的处罚机制。其研究的线索在于信息披露内容的"重大违法性"，引发退市机制开启。如建议银监会实施《关于严格实施P2P网络借贷平台退市监管规则的若干意见》，规定P2P网络借贷平台因重大信息披露违规违法而强制退市的规则。其中P2P网络借贷平台重大信息披露违规违法包括因信息披露文件存在误导性陈述、重大遗漏和虚假记载受行政处罚，或者因涉嫌违规违法披露、不披露重要信息罪、欺诈融资罪被依法移送公安机关，违规违法行为性质恶劣构成违法犯罪行为，监管机构做出行政处罚决定之后或被移送公安机关之日起一年内，可以由互联网金融协会对平台做出终止的决定。制定信息披露违规违法必须承担相应法律责任（重罚）的退市监管规则。其作用如下：一方面是警示互联网金融信息披露主体提高信息披露质量；另一方面是为互联网金融信息披露实施提供配套监管规则，将不符合信息披露要求的平台清理出互联网金融市场。因此，要求互

---

❶ 蔡奕. 证券市场监管执法问题研究——来自一线监管者的思考 [M]. 厦门：厦门大学出版社，2015：5.

联网金融信息披露主体进行信息披露、明确信息披露格式范围、对信息披露违规违法行为进行严惩，形成一套以信息披露为核心的互联网金融法律监管规则链条，坚持这项以市场化、法制化为取向的法律规则的实施将使互联网金融退市监管规则趋于常态化，有多少个互联网金融信息披露主体信息披露重大违规违法，就有多少个互联网金融信息披露主体因其行为而终止平台运作。只要按照制定的法律法规严格执行，那么互联网金融市场信息披露的违规违法事件就会得到比较好的解决。

2. 退市专项信息披露监管机制

通过建立互联网金融平台因重大信息披露违法而强制退市的监管规则，对互联网金融信息披露事中事后的监管是切实可行的路径。建立平台退市专项披露机制是一个良好的设计思路，为信息披露监管提供了监管规则支持，是对信息披露事中事后监管的补充，而其严格进行落实并操作执行是互联网金融发展改革的关键。

如何妥善处理安排平台的退出问题，关系互联网行业发展的稳定，并对减少平台的损失和保证平台客户的权益都是至关重要的。在2013 年，P2P 网络借贷平台如火如荼地发展，很多机构看到涉足互联网行业可以有利可图，便纷纷加入，很多平台出现经营不利、操作违规等问题。因没有相应完善的退出机制，大规模的跑路事件层出不穷，平台客户无法进行提现，双方借贷关系被迫断裂，投资主体的合法权益得不到保障。《网络借贷信息中介机构业务活动管理暂行办法》对于互联网平台的退出，规定采取告知、备案制度，如平台在准备退出市场业务时，须以书面的方式、提前十个工作日告知地方金融监管部门，其间办理注销手续。只有在平台出现高管重大违规违法、商业欺诈、经营风险等情况时向地方金融主管部门报告。所以说，当平台准备终止业务的时候，没有告知客户的义务，监管机构也没有告知用户的相关规定，即平台出现重大经营事件时未规定要告知客户的要求。这种简单的市场退出机制，一方面直接导致大量用户在平台倒闭后无法进行提现、资金滞留；另一方面可能让借贷双方的交易陷入死局，投资主体无法进行财产的保护。其实互联网平台是掌握借贷双方资料的信息中介者，拥有双方真实、详细的资料。本书认为，保护投资主体是 P2P 网络借贷平台退出机制的核心和重点，备案之后即可退出的监管规则无法做到保护投资主体利益。我们建议 P2P 网络借贷平台在进行清算之后再进行公告，然后允许平台退出。首先，当监管部门收到平台提交的注销申请或检测到平台存在风险，及时向公众，特别是该平台的用户发布公告，警示公众该平台已经准备退市或存在风险，使其他客户不再涉入，以及提醒该平台的用户及时进行提现。其次，对在该平台的融资者进行催款公告，在最大程度上保证还款额度。若投资主体的资金不能及时得到返还，平台可以把滞留于托管银行的沉淀资金还给投资主体。但因目前对沉淀资金产生的利息归属还没有明确规定，在平台退出市场时，根据未结清的债务先期进行偿还，对于有些不可能追回的债务，则通过平台的资本进行补偿。这样的退市监管规则更能起到保护投资主体权益的作用。

（四）建立信息披露违规行政诉讼机制

建立有效的诉讼监管规则，以提高信息披露主体违规违法成本，从而抑制互联网金融信息披露主体的欺诈、违规问题。在互联网金融的执法中，行政处罚案件多并且频率很高。

互联网金融市场存在的现实困境是处罚多、执行弱。

通过研究发现，行政诉讼在执行效率、职能健全和司法成本等方面的有效建议主要是以下三点。

①建立行政和解的监管规则。被处罚对象即互联网金融信息披露主体为使受损程度最小化而做出相应补救措施，以专项信息披露的形式使相关内容在平台的信息披露中体现，同时监管机构公布行政处罚和行政和解执行情况，告知公众并受之监督。

②赋予金融监管机构准司法权能。为提高互联网金融行政处罚的执行效率，在金融监管机构内部可以设立专门的执行机构，帮助法院分担压力，这样监管机构的事后监管在系统内部也可以得到保证，如此也与互联网金融协会相关规定形成相互对应的监管。

③实行金融监管系统内部的分权管辖。金融监管系统内部的监管执行职能由中央和地方分担。一是这种分配执行权提高了监管执行效

率，主要是司法程序对其的束缚得到了摆脱，行政诉讼"处罚多、执行难"的困境也得到了有效的解决。二是这种监管内部的分权管辖，避免了中央与地方政府的权力分配问题。因此，互联网金融监管机构内部在程序上赋予准司法权，从程序上有行政和解监管权力，这对解决现行行政诉讼执行难问题是非常有效的措施。

总之，完善信息披露违规违法追责机制和退市监管规则，可以抑制互联网金融信息披露主体的违规欺诈问题，也是使互联网金融稳定着陆并彻底开放的合理途径。

### （五）提高金融欺诈违规与违法成本

从目前对互联网金融信息披露违规行为进行惩处的情况来看，存在的问题主要是处罚力度不够大，信息披露主体因违规行为带来的收益大大地超出违规主体因违规而需要付出的处罚金额。这样的外部威慑力度太弱，对阻止信息披露主体的违规行为是毫无威慑力的，所以违规行为的发生可能会愈演愈烈。互联网金融信息披露以自律监管为主，对违规信息披露的自律监管惩罚措施目前是要求出具警示函、提交书面承诺、约见谈话及责令改正等。这四种监管措施惩罚力度过小、手段过于单一。目前在互联网金融行业中对信息披露违规追究的刑事责任和行政责任的案例非常之少。原因在于信息披露主体的违规成本过低，惩戒措施的外部强制威慑力得不到发挥，没有起到应有的震慑作用，致使信息披露主体的违规与违法犯罪率越来越高。

在对互联网金融信息披露主体处罚上，应该采取严厉的罚金监管规则，使造假平台的违规成本大大提高，一旦被发现，之前所获欺诈暴利将"付诸一炬"。通过这种高额罚金威慑，使造假者心生恐惧。而从我国互联网金融监管机构对互联网金融信息披露主体的违规处罚力度来看，违规成本的罚款金额太小，与欺诈所得相距甚远。违规操作后，还可继续进行造假活动，法律责任可以推脱到具体负责人身上。美国对此处罚力度比我国严格得多，如证交会每年处罚金额可高达数十亿美元。美国为保证违规与违法成本同欺诈获利相平衡，金融机构对互联网违规与违法平台执行的罚金监管规则是高额甚至巨额的，足以使造假者一旦被发现将无利可获，同时，美国对投资主体的补偿也会严格进行落实。只有这种严厉惩罚机制的威慑，才能保证互联网金融市场的诚信底线和守法警觉。在这种严厉惩罚机制的威慑下，平台几乎不敢违规与违法，从而使投资主体的权益有效地得到了保证。反观我国互联网金融市场，因违法成本的过低和失灵的执法机制，造假者遍地开花、肆意妄为。金融监管机构无法依赖外部脆弱的声誉机制对其进行约束，信息披露主体的造假、欺诈行径，在互联网金融市场上仍很猖獗，投资主体的利益根本得不到有效的保障。因此，只有让欺诈获利的金额小于或与违规处罚金额相平衡的高额度处罚，才有可能威慑违法者，投资主体的利益才会得到保障。所以，监管机构要通过提高互联网金融信息披露主体的欺诈成本、建立高处罚的监管规则，来实现保护投资主体合法权益的目的。

对进行金融欺诈的信息披露主体，我们不仅要在物质层面对其进行高处罚，同时在精神层面也要设置机制对其进行惩罚，从而使信息披露主体在成本和收益的权衡下，做出理性的守信行为。比如，我们探索建立跨区域和多部门的联合惩戒机制。首先，完善黑名单制度。在不滥用个人信息和不侵犯个人隐私权的前提下，健全现行的互联网黑名单制度，记录互联网金融信息披露主体的失信行为，提高其失信成本，构建市场化的失信惩戒机制。其次，建立失信信息共享机制。完善现行的政务信息公开制度，强化失信信息共享，建立司法部门、行政部门和金融部门等多部门跨区域的联合惩戒机制，增大失信成本，如限制有互联网融资失信记录的行为人享受某些社会公共服务，追究严重失信者的民事责任、行政责任甚至刑事责任，进而约束社会成员肆意失信的金融欺诈行为。

## 二、信用中介主体信息披露监管规则的构建路径

投资主体的投资决策都高度依赖于对信用风险的判断，包括对融资人信用风险的判断和互联网金融平台信用风险的判断。所以，信息披露的内容应该与融资人和互联网金融平台的信用风险具有高度相关性。然而我国互联网金融信息披露规则却远远没有达到这个标准，2017 年 8 月银监会印发《网络信贷信息中介机构业务活动信息披露指

引》，在信息披露内容中增加了借款人必须提供征信报告这一项。

## （一）信用网络外部性理论的获客能力之解释

根据第二章的网络外部性理论研究分析，我们知道第三方评级机构的良好评级可以引导投资主体的投资决策，形成羊群效应，从而使信息披露主体在互联网金融市场中有长期占有和扩大市场规模的效应。因此，在互联网金融市场的激烈竞争中，融资者和互联网金融平台可以利用信用促成交易，并通过第三方评级机构所提供的良好信用评级使信息披露主体达到获客效应。

### 1. 信用的内涵和形式

就信用的内涵而言，它是交易者和交易者之间的一种特殊的经济、社会关系。[1]信用的产生源于授信者和受信者之间的约定，即由于授信人（债权人）对受信人（债务人）所作还款承诺和能力有信心而同意向受信人转移自己的经济价值。

其实，"credit"一词来源于"credo"一词，是拉丁语，它源于"Do"和"Crad"。Do是拉丁动词，其表达的意思是"我给予（I place)"，而Crad的梵文解释为"信任"。"credo"一词，其表达的意思是"我相信（I believe)"。因此，"信用"一词的最初表达的意思是"我给予信任"。在《辞海》中把信用解释为：遵守诺言、诚实和不欺。在《中国大百科全书》中的解释是：信用是借贷活动的一种特殊形式，以偿还为条件的价值运动。具体表现就是，在商品经济条件下，债权人以有条件的让渡形式使商品赊销或货币贷出，债务人则按约定的条件（偿还借贷的日期）偿还货款，以及支付相应的利息。

信用的表现形式。它首先表现为交易者之间的"信用节"（两者之间的信用关系），随着交易主体的多样化、交易形式和内容的丰富化，它表现为一条条信用"链条"，交易领域发展的进一步深化（地理意义上的全球化和时间意义上的即期及远期交易，等等），便产生了由信用"链条"编织而成的立体性的信用"网络"。[2]因此，在互

---

[1] 林钧跃. 企业信用管理［M］. 北京：企业管理出版社，2000：28.
[2] 侯仕军. 网络外部性和信用价值［J］. 中国经济问题，2002（5)：60－61.

联网金融开放的社会系统里，网络规模的关系达到了前所未有的状态，其信用共享价值也更诱人、更明显。

2. 信用价值

在信用交易过程中信用的实际价值总是能够得到充分的体现。信用交易在现代市场和社会经济两方面表现出重要的价值。首先，市场规模的扩大。当国内市场发展到一定程度，国家尤其发达国家都毫无例外地通过本国的信用交易额度达到扩大市场规模的目的。如此，提高本国的就业水平和扩大生产规模。其次，减少现金流通。通过信用交易运用信用工具的非现金支付手段，减少偷漏税行为的发生。最后，发展信用交易可以帮助提高互联网平台对消费者的吸引能力。信用交易关系从古到今一直存在，我国在西周时期就已存在信用交易关系。比如以"挂账"形式取得生活用品的孔子弟子。《五遵岩文集·黄梅原传》记录，在徽州，有一商人取得了社会的信任，其经商"人莫不以为诚而任之""虽不矜于利，而大进，家用益富"。可见，信用是获得进财的根本之路。互联网金融市场是依赖信息和信用匹配达成资金融通。互联网金融的融资便利是因信用与信息高效、便捷撮合而实现。互联网金融没有改变金融隐蔽性、广泛性、突发性及传染性等特点，对融资主体的信用是一种考验。❶

互联网金融市场中的信息披露主体利用第三方信用评级机构提供的良好信用等级吸引投资主体，促成交易并占有和扩大市场规模。互联网金融信息披露监管规则通过对互联网金融平台资信信息的真实披露，减轻信息不对称，降低双方交易成本，有效防控金融风险，是保证互联网金融市场长期发展，乃至我国社会经济发展的前提。

3. 信用网络外部性的获客能力分析

任何事物都有两个基本属性即质和量，交易者的质（诚信与否）同信用网络平台价值是正相关的，信用网络的紧密程度越高，交易者就越讲诚信。❷信用网络外部性是指交易者（不论是内部的还是外部

---

❶ 武玉胜. 互联网金融投资者保护机制下信息披露理念审视 [J]. 长春金融高等专科学校学报, 2016 (3)：16.

❷ 侯仕军. 网络外部性和信用价值 [J]. 中国经济问题, 2002 (5)：62.

的）对该网络信用服务的效用（价值）评价越高，信用网络的规模也就越大。严格意义上的信用网络外部性是指所组成的交易者越守信，信用网络规模就越大、越紧密，交易者对信用网络服务的效用评价也越高。反之，组成的交易者不守信，信用网络规模越大、越松散，交易者对信用评价也就越低。故而，信用网络的外部性具有两面性，即信用网络既可能放大网络的积极效应，又可能放大网络的消极影响。因此，获得第三方评级机构良好信用报告的信息披露主体吸引投资主体，反之，失去投资主体，最终会被市场所淘汰。

## （二）建立信息披露信用评价标准

对互联网金融信息披露主体的信用信息披露方面，首要的任务是通过立法制定信息披露的信用评级标准，对互联网金融信息披露主体的信用情况进行统一评价，提高信息披露主体对信用评价的热情和重视。通过对互联网金融平台进行信用评价，可以帮助投资主体根据互联网金融平台的信用评价等级来分析信息披露的真实性，从而做出正确的投资决策。在建立信息披露信用评价标准方面，我国可以从资格认证、信息披露的规范性、不定期检查结果、工作人员专业水平、融资项目成功率和投诉率等方面来进行评价。与此同时，在这些评价标准的基础上，还可设定最低条件标准，也就是要求互联网金融平台披露最为基础的、强制披露的信息内容，如果这些基本信息未能得到披露，那么可以直接认定互联网金融平台信息披露评价结果为零。互联网金融平台的信用评价结果以这些标准作为评价标准，由互联网金融行业协会依据这些标准定期开展对各个互联网金融平台的信用评价，并出具相应的信用评价结果报告，以此来督促互联网金融平台积极做好相应的信息披露工作。

此外，我国要完善信用网络，我们还需要在互联网金融系统及信用行业中介组织上多做努力。首要的任务是促进我国互联网金融系统技术的革新，投入技术资源实现信用数据库跨地区、跨行业、同地区、同行业的联网数据标准化，使信用网络规模得到扩大，网络间的紧密程度加强。同时，信用评级中介可以效仿国外同行先进经营模式，采用"拿来主义"的做法，实现信用数据评价标准化。

## （三）建立健全互联网金融信用披露评级机制

建立信用评级机制是一个复杂工程，要尽快完善互联网金融信息披露相关的法律制定工作，在各相关部门之间建立无缝衔接，从而完善互联网金融的融资环境。而当前有关信用评级的规范在各类法律法规中虽有相关规定，但大都模糊粗糙、可操作性极差，基本是各个部门自行设定，部门之间无法衔接，没有形成统一体系。目前从业机构或融资者在融资过程中往往因为各种原因不愿或不能提供各种信息，无法满足投资者的信息需求。因此，必须通过立法打通各部门关于信用评级的障碍，打破信息孤岛，建立以互联网金融协会为主的对互联网金融平台信息披露的信用评价。如此，通过各部门的对接，不仅拓宽信息供给渠道，而且降低第三方正确做出独立评估的成本，并提高评估的有效性和准确性。

如何建立健全我国互联网金融信息披露评级机制，建议从以下四个方面采取措施。一是监管部门应该建立适合我国互联网金融发展的信息披露评级机制，并对考评结果进行相应的奖惩；二是重视投资主体和社会公众的评价，定期收集社会公众对互联网金融平台信息披露的意见；三是对等级良好的平台进行监管和引导，尤其要加强对考评等级为优秀的平台进行褒奖；四是将金融、投资机构分析师等专业人士意见纳入考评体系，这些专业人士与广大普通投资主体相比，对互联网金融信息披露工作更有发言权，对互联网金融信息披露主体的情况了解更深入。

## （四）构建信息共享机制

影响投资主体羊群行为的首要信息是信息披露主体的信用信息，信息披露主体披露的信用信息是投资主体投标的重要依据。因此，完善征信体系建设，加强网络借贷平台的信用评级体系建设，形成信息共享的开放格局尤为重要。但目前尚未建立健全征信体系，现有的征信体系主要是中国人民银行建立的征信数据，在征信方面的法律目前仅有《征信业管理条例》。此外，我国目前的信用数据未形成数据开放、信息共享格局。首先，央行的征信数据目前主要针对金融机构开放，P2P 网络借贷被拒之门外；其次，民间数据对央行不开放，致使央行只了解银行体系内的相关数据，对银行体系之外的数据并不了解；最后，P2P 网络借贷平台之间并未形成行业数据共享，各自为政的网络借贷平台尚未形成强大的数据原始积累，迫切需要行业内各个平台加强联络沟通。但现状是平台基于竞争对手抢占平台主要客户的顾虑，不愿意与其他平台进行数据共享。

打破央行征信体系只对内部金融监管机构开放的现实瓶颈，实现央行征信体系与互联网金融行业信用数据的完美对接，使整个社会的信用数据互通有无，实现数据共享的开放格局。同时，央行为弥补自身信息收录范围的狭隘性，要积极主动地吸收互联网平台的原始数据积累。如此，一方面互联网平台能够真实准确地获取到借款人的全方位信用信息，从而科学合理、及时准确地做出借贷风险评价；另一方面也促使投资主体对信息披露主体的信用信息的准确把握，做出较合理的投资决策。

构建信息共享机制的具体措施：第一，延伸大数据产业链，完善大数据信息获取渠道建设。大数据征信数据来源，不仅局限于金融机构、政府机构以及电信提供的个人基本信息、账单信息、信贷记录、逾期记录等，还有互联网行为轨迹记录、社交和客户评价等数据，有利于全面评估信息披露主体的信用风险。第二，完善个人征信数据库建设。央行征信、信联、各行业征信部门实现相互联结，实现信用信息共享，构建能覆盖全社会的个人征信数据库机制。第三，建立征信行业市场化机制。市场化征信是效率最高的模式，不仅可以为市场提供多元化的产品和服务，而且有利于征信市场的公平竞争。因此，本书认为，在不侵犯企业商业秘密和用户个人隐私的前提下，应建设一个以中国人民银行征信系统为核心，对接互联网平台和市场化征信机构的互联网金融信息共享平台，实现行业信息共享和监管机关之间的信息共享。

（五）建立权威合格的第三方信用评级机构

信用机构必须有充分的法律供给，从而保障信息互联互通，以充分的信息透明，来促使更好的信用体系的形成。[1] 第三方评级机构是由中介机构根据其拥有的专业知识和对公司内部信息的了解，经过分析后所做出的全方位评价意见。因此，在形式上它相当于给信息披露主体起到"担保"作用。为此，需由独立的第三方评估机构对平台信息披露信用等级进行评价。若平台自身建立评估机制，会造成公信力不高，也很难进行监督，最后只能是走形式、成为摆设，毫无意义。第三方评估机构的专业性结合政府认可的监管机构的信用规范，可以更好地满足投资者信息需求，实现共赢。若合格的第三方信息披露信用评级标准获得各方的认定，那么必须在规则制定时了解法律关系主体的各方相关意见和建议，以提高评估标准的客观性和准确性。政府部门通过第三方评估机构的信用评级，不仅能更好地提高从业机构信息披露的主动性，自身的监管成本也会有所降低，于人于己都是百利而无一害的事。第三方评级中介机构要不断提高自己的职业道德素质及执业水平，本着对广大投资主体负责的目的，一旦发现第三方评级中介机构有失职行为或违反职业道德，监管部门要对此进行坚决处罚，决不能姑息迁就。[2]

因此，要建立权威合格的第三方中介评级机构。首先，建议由金融监管机构、工业和信息化部、公安部、国家互联网信息办公室这四个监管机构及行业自律协会，依据需要评级的内容制定出评级标准、法律意见书的操作指引，尤其在投资主体资格、风险控制监管规则、高级管理人员资格、关联公司等方面。其次，由律师事务所及具有相关经验的律师对互联网金融平台进行尽职调查，根据评级标准出具专业的法律意见书。由于法律意见书以及互联网金融平台的工商登记、资本金、股东个人征信等信息，不适宜完全对外披露，但可以就评级结果、涉及投资主体利益部分进行摘录披露。在平台主体资格方面，主要评级内容应当包括互联网金融平台的经营范围、注册资本、合法

---

[1] 国务院研究室. 建立社会信用体系基本框架研究 [M] // 中国社会信用体系建设. 北京：机械工业出版社，2002：21 – 30.

[2] 穆西安. 信息披露与金融市场信用制度的建设 [J]. 中州学刊，2004（6）：51 – 52.

性、经营能力、负面信息、产品能力、平台背景、财务信息等。

（六）对信用中介主体立法强制监管

L Loss 教授曾经在评价美国立法时说道："在联邦法律中有一种不断出现的概念那就是信息披露，开始是信息披露，接着信息披露，后来是越来越多的信息披露。"❶ 对信用评级机构的信息披露，评级机构公开和全面地披露评级的方法和程序、评级标准、评级机构内部管理等信息，投资主体就能够较充分地评估评级的局限、评级的含义、评级的准确性程度。这样，通过这些信息，投资主体会比较客观地对评级机构评级的"信息价值"自身进行较科学的判断。就像美国证券交易委员会前主席 Cox 所说："我们让投资主体知道他们理解的（评级）是什么。"❷ 信用评级机构若想得到客观和正确的信用评级，主要在于两个方面的因素：一是评级过程和其方法要科学正确；二是评级机构本身必须具备超然的独立性。但社会公众对此难以了解和监督，必须有赖于评级机构的信息披露。只有通过信息披露监管，才能让市场这只无形的手促使评级机构产生高质量的评级结果，以及信用评级的功能得到积极的发挥，信用评级的准确性和可靠性能大幅度提高。信用评级的作用：一方面可减少投资主体的信息搜集成本，丰富投资组合的内容和减少投资主体错失有利投资的机会成本以及道德风险问题；另一方面可降低互联网平台的资金成本和融资者的融资成本。信用等级等于同时解决了影响市场效率的两大障碍，对信息不对称与交易成本的额外成本，做了某种程度的减轻；同时活跃和有效地扩大了市场交易，无形中增进了市场效率，使市场运作更为平滑顺畅。

由此，对评级机构的监管要通过立法强制的方式对其信息披露进行严格规定。比如，多德法案中，对评级机构信息披露的监管规定了以下四个重点方面。

第一，对评级方法的披露进行监管。要求 NRSRO（全国认可的

❶ L Loss, J Seligman. Fundamentals of Securities Regulation［M］. Little Brown, 1995：7.

❷ Kara Scannell, Aaron Lucchetti. Credit Crunch：SEC to Seek Rule on Added Disclosure by Bond – Rating Firms – Proposals Unlikely to Quell Criticism That More Be Done［J］. The Wall Street Journal, 2008（11）.

统计评级机构）披露进行信用评级的程序和方法（包括定性和定量的数据和模型），当评级方法发生变化时，披露变化理由并通知评级用户）。

第二，对评级的内容进行告知。对所有的信用评级都要公布评级内容，包括定量分析和定性分析中的表格，方便评级用户理解评级的内容及其局限性。

第三，对评级机构的透明度进行监管。监督 NRSRO 的评级准确性，NRSRO 被要求对初始评级及其评级的变化信息进行公开披露，对不同 NRSRO 的评级表现进行相互比较。

第四，披露 NRSRO 的尽职调查情况。重点是披露资产支持证券的过程。

我国对信用评级机构的立法强制监管也可以从评级的透明度、评级方法、信用评级分析内容等方面进行监管。

社会信用体系不可能一蹴而就，需要长期的发展过程。[1] 发达国家现有健全的"契约社会"是经历了将近一百五十年的时间才建立起来的，所以不是一朝一夕的事情。只有当社会成员都以讲信用作为为人处世的准则、自觉维护信用机制，信用网络外部性充分发挥作用，所有人都注重以"德""信"在社会立身，从小和从小事方面做起，把信用当作是自己的眼珠一样爱惜的时候；信用价值才可能回归其本身具有的作用。而我国要促进信用价值的回归、完善社会信用网络，任重而道远。

### 三、投资主体信息披露监管规则的构建路径

#### （一）保护投资主体信息披露的理论逻辑

总体而言，我国互联网金融信息披露理念应呈现出以满足监管要求和投资主体导向型为主的双重特征。如此，契合了互联网金融对有效市场的诉求和以市场为主导的改革步伐。

在市场主导模式下，互联网金融将以保护投资主体利益作为基本理念，因此从信息披露监管规则属性与存在机理两个方面我们可以推导出互联网金融信息披露与投资主体之间的紧密联系。投资主体数量

---

[1] 习谏. 论我国社会信用体系的建立及其模式选择 [J]. 中州大学学报, 2006 (4)：2.

众多，层次上包括机构投资主体、个人投资主体、专业投资主体、另类投资主体等，互联网金融市场的投资主体以非专业个人投资主体为主，在信息需求、处理能力、信息偏好以及救济能力方面都较弱。

既然投资主体自身有这么多的不完美，如何使投资主体能做出相对正确的投资决策及信息披露的事中事后保护？毕竟，披露是有成本的。经济学家们的实证研究表明，信息披露质量对信息披露主体的影响是负相关，高质量的信息披露可以降低融资成本。通过减少信息不对称现象，降低了风险系数，使投资主体对投资回报率要求减弱，从而减小差价，增加了流动性，有利于降低融资成本。因此，信息披露能够保护投资主体并促进互联网金融市场发展的理念是毋庸置疑的。但因互联网金融投资主体非理性比传统金融严重，以分散的个人投资主体为主，对信息披露的理解和掌握能力都远远低于机构投资主体，不具备信息披露的前提性基础，以致信息披露的积极作用得不到发挥。所以投资主体的高素质和信息披露的高质量这二重因素是互联网金融逻辑因果链条上的两个重要环节，虽然都比较薄弱，不过都可以进行弥补，应该在这个概念下进行互联网金融信息披露及投资主体监管的规则设计。

在信息披露方面，投资主体存在过多的非理性问题：过载问题、堆积问题、阅读的机会被掩埋的事实、功能性文盲，加之互联网金融信息的丰富性、迅捷性和披露方式的网络化，等等。这些问题存在的原因：一方面是由于互联网金融对信息披露的要求更高；另一方面是互联网金融市场投资主体的普惠性特点，投资主体的素质普遍都不高。罗伯特·席勒教授是诺贝尔经济学奖获得者，他曾说："对经济运转的理解和在经济中政府所起的作用都不能只考虑经济的动机，还应深层次地去思索腐败、幻觉、历史、信心及公平给我们带来的意义，如何使那些拥有不同经济知识和不同能力的人表达他们的投资偏好，避免让他们遭受金融欺诈风险的损失。我们如何使他们能够发挥对投资机会的强烈直觉，帮助他们对投资时机的把握，并不引起所谓的投机泡沫或使其破灭。"在互联网金融市场发展的过程中，要解决这些问题只有充分重视投资主体本身的属性并加以完善，如此互联网金融信息披露的正面效应才能发挥到最大。

投资主体存在非理性现象，在行为经济学中已经得到证明。投资主体在投资决策中会受到社会、生理、心理等因素的作用，做出非理性决策。因此，为了信息披露监管的规定能够被落实并起到良好效果，对投资主体可以进行选择设计，在投资主体的自由选择权受到阻碍的情况下，给投资主体加以外在的助推力，帮助其进行最优选择，实现保护投资主体权益和防范金融风险的效果。具体而言，我们应依据保护投资主体和互联网金融信息披露的要求，明确投资主体信息披露监管规则的设计思路❶。

## （二）对合格投资主体的轻推设计

2018 年，中国人民银行出于更全面保护网络借贷当事人利益的目的，促使互联网金融行业更加规范、更加进步，下令各部门分类监管，共同研究建立合格投资者制度在互联网金融领域的更好运用，以此来提升投资主体的综合投资能力。同年，P2P 网贷平台陆金所尝试引入大数据、机器学习等技术来界定线上资管（准合格投资人），进而扩充既有网贷市场对合格投资人的认定范畴，事先抢占互联网理财市场更大份额。❷ 我国适格投资者制度设计初期是与我国股票市场上小微创业者板块相对接的，由于股票市场上的创业者板块资金需求量大、项目本身发展风险性强、资金收益可观，这也使很多投资者跃跃欲试。❸ 为此，央行三令五申规范创业板投资者资格审查，强令证券公司在订立合同时使用投资者的真实信息，在证券信息网络上备注该投资者的财产收入与风险偏好，通过了解客户的知识与经验、财务状况，以及投资者需求等信息，帮助客户判断是否具备相应的风险认知与承受能力，以及经验方面是否是成熟稳定的投资者。合格投资者管理制度已经成为成熟资本和金融市场对金融服务机构的一项普遍性监

❶ 王腊梅．论我国 P2P 网络借贷投资人保护的实现机制——基于行为经济学视角的制度设计［J］．湘湖论坛，2017（1）：78.

❷ 网贷之家．［2019－02－25］．http://www.weiyangx.com/176095.html.

❸ 李爱君．《网络借贷信息中介机构业务活动管理暂行办法》解读［M］．北京：法律出版社，2016：118.

管制度。但可惜的是，在创业板块领域的成功探索经验，并没有被金融监管机构扩展到其他较高风险的金融投资项目中去，这也使我国互联网金融合格投资者制度始终处于缺失状态。

要想在互联网金融交易中保护自己资金安全，选择适合自己的投资产品，投资主体需要拥有一些必备的素质。银监会发布的《网络借贷信息中介机构业务活动管理暂行办法》中的规定，具备熟悉互联网应用并拥有非保本类金融产品投资经历的投资主体是 P2P 网络借贷的合格投资主体。因此，这就需要监管机构确定投资主体既熟悉互联网应用又同时拥有非保本类金融产品的投资经历。可如何做呢？一般的监管思路是让投资主体证明自己是满足合格投资主体条件的，但这是不符合实际的，要求投资主体提供熟悉互联网应用及拥有非保本类金融产品投资经历的文件是很难证明的。互联网金融以小额借贷为主，对投资主体而言收益是有限的，若要在互联网金融进行投资还要额外提供相应的证明文件，一方面增加了投资主体的成本，另一方面类似的证明文件他们也很难提供，进而都会选择放弃投资的选择。因此，确定互联网金融的合格投资主体方面，需采取其他思路。根据行为经济学分析的投资主体决策的非理性因素，对参与互联网金融投资的问题，可以轻推那些熟悉互联网应用并有一定风险承受能力的人作为互联网金融的合格投资主体。本书认为合格投资主体的市场准入可以通过对合格投资主体的评级方式加以实现。由政府监管部门设计一份统一的互联网金融投资主体的合格评级问卷，同时规定投资主体的合格标准。当投资主体达到合格标准，才准许其进行互联网金融业务。当然，合格评级问卷的设计要围绕投资主体的风险承受能力和互联网应用熟悉程度展开。为了保证投资主体认真进行合格评级，政府监管部门在评级问卷上要合理设计默认选项，以避免投资主体行为偏好的不一致性及过度自信所带来的评级不准确。行为经济学理论认为，被评级者在进行选择时通常会受到默认选项不成比例的打扰。首先，人们会自我心理暗示，认为默认选项是被某种权威设定，自然而然地会倾向于默认选项；其次，从众心理，默认选项一般会被投资主体认为是大家共同的选择，人类追求一致的倾向也会促使他们选择默认选项；

再次，当人们的时间比较紧迫时，无法进行慎重考虑，也会出现选择默认选项的黏性；最后，默认选项还可能作为评判其他选项的心理参照点来发挥作用。因此影响人们行为决策的默认选项的合理设计是至关重要的。针对设计合格投资主体的评级问卷，为使互联网金融投资主体能认真阅读评级问卷并仔细作答，默认选项内容的设计要从不熟悉互联网和非保本类金融产品投资经历两方面进行考虑。对人们选择行为会产生影响的除了默认选项，还有选项选择的便利性也会不成比例地影响被选中的概率。选项的收益是不确定的，选项收益的贴现率在未来会大幅增加，也就意味着现实收益的大幅下降。不方便选择的选项其短期成本是可见的、确定的，选项便利短期成本更低。损失和收益都是同样大小的情况下，人们对损失的反应更加强烈，所以短期成本更低的选项更会促使他们去选择。这就可以从是否便利的角度设计合格投资主体的评级问卷，避免因选项过于复杂而使投资主体放弃选择的意愿，导致评级问卷结果的不真实。

### （三）符合投资主体心理和行为习惯的信息披露设计

在交易自由的情况下，互联网金融信息中介机构充分真实的信息披露的轻推设计是保护互联网金融投资主体心理和行为习惯的重要手段。投资主体通过充分真实的信息披露了解风险，根据自身的投资偏好及承受能力做出自己最满意的决策。互联网金融平台需要承担的信息披露义务在银监会发布的《网络借贷信息中介机构业务活动管理暂行办法》中已做出规定。但对于那些非专业的投资主体，一份冗长的信息公告并不能引起他们认真阅读的欲望。因此，运用行为经济学原理使信息披露内容、方式等设计符合人们心理和行为习惯，以轻推设计的手段促使投资主体认真了解信息披露公告，真正发挥信息披露对投资主体的作用，从而促使投资主体做出最优决策。

#### 1. 披露主体披露内容的简化

互联网金融机构的信息披露，信息需简明化和清晰化。披露的信息需精确有用，可以使一个非理性的投资主体能够做出投资决策，反之，该项信息披露是没有意义的。信息披露标准要具有操作性，可以通过制定行业指引、行业自律规则等方式以符合"投资主体决策"的需要。

信息披露规则的设计应能适度体现对整体信息披露的有效性，起到对投资主体利益保护的作用和体现不同层次投资主体的差异性。[1]因此，我们根据投资主体导向性和互联网金融对信息披露的双重要求，确定信息披露的设计思路。

①内容的清晰简明。简明原则最早在美国实施。对于那些抗风险能力差、个人资金少、不具备投资分析能力、不具有互联网金融市场运作经历、没有经过法律或会计专业培训的普通投资主体，对于一份冗长的信息披露文件基本处于"可有可无"的窘境，这种以专业术语编写的信息披露文件对于不具备相关知识的投资主体很难看懂。因此，对于这些投资主体而言，信息披露文件的简短、通俗、易懂、易读、可读是前提，否则信息披露对其提供的保护是非常有限的。为此，可见信息披露简明原则的重要性。信息堆积和过载问题会阻碍投资主体对信息的接受和选择能力。立法者本着让投资主体了解一切信息的初衷，在发现新的问题后就会在本来的披露条款上进一步增加款项，通过补充、重复、修改、扩展，强调投资主体全面知情的境界，即所谓的信息棘轮效应。过大的信息池导致投资主体的阅读负担过重，投资成本增加，全面披露的效果南辕北辙。因此，信息披露中冷僻内容的删减、数据变量的整合、专业术语的通俗化有助于信息传递的有效性，对投资主体而言也会感到亲切，不会让他们感到遥不可及、生硬难懂。

②外部信息整合者的倚重。信息披露的简化不是简化思想而是对语言进行简化，只有专家才能做好。信息披露的实施少不了金融服务机构和行业专家们的智力支持。所以可以把信息披露的简化工作交给行业精英去做，即律师、会计师、评级机构、金融分析师、法律学者、数据统计人员等行业专家，统称为信息整合者，并且这些信息整合者会把信息披露主体内容加以分析和总结并进行评级。如此，信息

---

[1] 杨淦. 上市公司差异化信息披露的逻辑理路与制度展开 [J]. 证券市场导报, 2016 (1): 74.

整合者深加工的信息可满足投资主体的需求，减轻成本，同时依赖市场外部竞争机能也可加强信息整合者的专业能力与诚信度。

当人们面对复杂繁多的选项时，会产生畏难情绪而很难做出最优选择。这表明影响人们做出决策的不仅受信息量的多少，还受信息所呈现的表达方式的困扰。有鉴于此，要同时进行要点披露和全面披露。要点披露是对金融产品的信息进行标准化和简化，并保证关键属性的信息能够被潜在投资主体充分了解，与相同市场上的金融产品可以做出比较，为让潜在投资主体可以找到金融产品的其他信息，在线的全面披露可以补充这些信息。

2. 设计突显性信息

行为经济学认为人们的注意力是有限的。因此，投资主体对选项数量的关注也是有限的。人们对选项中具有更加突出特征的选项会更加关注。因此，监管机构根据人们对突显性的高度关注度，可以要求信息披露主体，能在对投资主体决策起到关键作用的信息上进行突显，以提醒潜在投资主体了解该信息。比如，在 P2P 网络借贷交易中，借款期限、借款利率、手续费、还款方式、风险评级结果及借款金额等对潜在投资主体而言是属于关键信息，但因人们注意力的局限性，还款方式、风险评级等信息会被潜在的投资主体所忽视。信息披露主体可以对以上这些信息进行突显，运用突出标志或突显位置等方式促使潜在投资主体加以关注。

3. 纠偏措施

假设信息披露主体如实披露相关信息，对上述信息潜在投资主体也认真阅读并掌握，但人们具有的自利偏见使在面对便利程度相同的选项时，朝着有利于自己的方向做出次优选择。面对如此问题，监管机构可以采取纠偏措施。比如，在 P2P 网络借贷交易中，投资主体对利率往往会有误判，未来收益被低估或高估。因此，监管机构在信息披露中要求信息披露主体对利率进行突显设计，以及关于利率是属于复式利率还是简单利率要明确规定。若是复式利率，在信息披露中列明还款总额与分若干期归还时所要支付的总额和最低还款额，同时，对这两种不同还款方式的总额间的差额也要明确。这种具体的明确的规定可以减轻投资主体对信息的误解。

## （四）设计投资主体的冷静期

"冷静期"发源于20世纪60年代的英国，是消费者可能因与经营者信息不对称而冲动或盲目交易而提供的一种自力救济的方式。前文所述如英国金融服务局（Financial Services Authority，FSA）的业务准则中规定，消费者在购买投资、保险商品时有14天的冷静期，在冷静期内可以进行变更、中止交易合同，可享有全额返还款项的权利。我国内地现行法律法规未明确规定"冷静期"规则，不过2010年6月我国香港地区的香港证券及期货事务监察委员会（Securities and Futures Commission，SFC）在发布《非上市结构性投资产品守则》中先做出了"冷静期"规则的尝试，规定投资者有权在发出交易指令后不少于5日的期限内无条件解除交易指令。❶

人类具有社会属性，社会群体会影响人们的行为。另外，人类的情绪波动也会影响决策，当人们头脑发热、一时情绪冲动，往往会做出一些不理智、代价高昂却无法挽回的决定。那些具有熟悉互联网和金融产品投资经历的合格投资主体，也会出现上述情况。尤其因互联网金融的普惠性，投资主体大多是对专业金融知识知之甚少的长尾人群，且借贷金额小额化，这使他们受情绪冲动和社会群体影响更明显，也更容易做出非理性决策。❷行为经济学表明，在过度兴奋的情况下，人们会低估自身的非理性程度。在这种情况下，为提高投资主体决策质量，可设计冷静期规则，强迫他们推迟做出决策，使在头脑恢复冷静的状态下重新做出决定。减少投资人因社会群体影响和情绪冲动而做出非理性决策，建议赋予投资主体在做出决策后的一段时间内有撤销决策的权利，避免在互联网金融中造成社会福利的损失。对投资主体撤销决策权利的行使条件和行使限制应进行突显性披露，使此信息能够得到投资主体的关注。

---

❶ 香港证券及期货事务监察委员会. 非上市结构性投资产品守则［S］.［2018－11－22］. http://wenku. baidu. com/view/2cc3f286ec3a87c24028c4d7. html.

❷ 王腊梅. 论我国P2P网络借贷投资人保护的实现机制——基于行为经济学视角的制度设计［J］. 湖湘论坛，2017（1）：80.

159

马忠法教授认为，对于各方强势、弱势地位明显的行业交易，就信息披露而言，弱势一方往往很难获得全面、精确的信息，若给予一定的冷静期，从一定的程度上可以避免所谓形式平等条件下的"意思自治"所带来的实质不平等。❶ 笔者认为，将"冷静期"规则引入互联网金融领域，原因在于互联网金融活动中消费者知情权保护面临更加严峻的挑战、互联网金融活动中消费者与经营者信息不对称的加剧。第一，互联网金融投资主体的准入门槛比传统金融大大降低，众多在传统金融活动中无法得到"高回报"的投资者轻信互联网金融产品的"高回报"跟进投资进入互联网金融市场。互联网金融投资主体因自身不具备相关金融专业知识，冲动、盲目地轻信"高回报"宣传而投资互联网金融产品。第二，我国目前有关互联网金融投资主体保护的立法缺位、监管机构监管不力，而平台发布虚假项目信息及平台虚假披露经营资质等侵害互联网金融投资主体理性决策的行为未受到应有的有效约束。因此，应建立互联网金融领域的"冷静期"规则，为互联网金融投资主体提供保护。

我国互联网金融"冷静期"规则的构建将会有一定的困难。其一是传统金融领域尚未建立系统的"冷静期"规则，长期实践基础的缺乏使我国互联网金融"冷静期"规则的构建及适用，在短期内可能会由于平台的抵制而难以实现。其二是互联网金融交易大大缩短了传统金融活动的交易时间，交易双方可以迅速、高效地在几秒钟的时间内将其资金转移到平台或融资者的账户。资金转移的迅速性给"冷静期"规则的制定增加极大的阻碍。因此，考虑到互联网金融交易的高效、资金转移迅速的实际状况，我国互联网金融投资主体的"冷静期"期限设置的时间不能过长，略短于传统金融的"冷静期"期限。建议互联网金融投资主体在通过平台与融资者达成一致并签订电子版的互联网金融交易合同之日起 3~5 日内，有权以书面形式通知融资者及平台解除合同，且除平台请求的合理报酬外，互联网金融投资者

---

❶ 马忠法. 论金融理财活动中实施"冷静期规则"的可行性 [J]. 上海财经大学学报，2010（2）：41-48.

无须支付合同违约金、损害赔偿金等其他形式的对价。

## （五）完善投资主体民事救济制度

### 1. 建立适用互联网金融信息披露配套的民事诉讼制度

在互联网金融市场中建立完善的民事赔偿监管规则，是投资主体获得全面保护救济的必然途径，也是完善互联网金融市场修复功能的必然选择。然而一直以来，我国互联网金融领域的民事责任及配套的民事诉讼监管规则薄弱。这种现状带来的后果就是如果投资主体因利益损失无法得到保障而对互联网金融市场失去信心，那么互联网金融市场的造血功能必将随着投资主体的离去而丧失。我国现行的涉及互联网金融领域民事责任的法律条文几乎空缺。因此，通过完善民事责任和民事诉讼监管规则的设计，保障投资主体的诉权，加强投资主体的市场参与度，避免投资主体对市场丧失信心。

目前，我国互联网金融市场还未专门建立适用互联网金融信息披露配套的民事诉讼制度。建立配套民事诉讼的研究范围可在现行法律制度框架下进行，建议建立"最高人民法院关于审理互联网金融市场因虚假陈述引发的民事赔偿案件的若干规定"，将民事诉讼与信息披露违法内在联系区间限定在我国实际可操作的受案范围内——虚假陈述，并进一步限缩在针对互联网金融信息披露主体相关行为所提起的侵权之诉。

国际上关于虚假陈述的诉讼，披露主体为被告的占大多数，但也牵涉一定数量的"相同利害关系"的原告诉讼，实施民事诉讼的模式有：①日本的选定代表人模式；②中国台湾地区的特定组织诉讼；③德国的团体诉讼；④美国的集团诉讼。我国互联网金融欺诈民事诉讼采取美国集团诉讼的学术观点占了主要意见。此模式的核心是"声明退出"（opt－out）规则，这种机制有利于维持诉讼规模并增加与涉诉平台的谈判筹码，从而将群体诉讼的优势发扬出来。因此，可以借鉴美国的集团诉讼建立我国互联网金融欺诈民事侵权诉讼机制。现在关于民事诉讼途径讨论中对集团诉讼是讨论最激烈的问题。我国每年因金融欺诈、信息披露违规遭受资金损失的群体大都是个人投资主体，总金额非常巨大，但损失额分摊到个人并不是很高。❶ 我国借鉴美国集团诉讼可以降低个人投资主体的诉讼成本，同时单个投资主体的诉讼是相当困难的，所以可以借助集体力量实现个人利益。再有，当投资主体与融资者发生纠纷时，为提高效率、降低成本可以充分发挥网络仲裁的作用。目前，在青岛、广州等地网络仲裁机构已经建立。因此，把此类机构引入互联网金融信息披露领域，使"网络仲裁院"作为投资主体和融资者产生纠纷的解决机构之一，处理各类权益纠纷。❷

2. 建立互联网金融在线纠纷解决机制

因互联网金融纠纷具有跨区域、群体性、电子性等特点，所以要建立我国互联网金融在线纠纷解决机制。为维护互联网金融秩序，主动适应"互联网＋"时代的挑战和要求，建立以投资者权益保护为中心的互联网纠纷在线解决机制。在线纠纷解决机制（Online Dispute Resolution，ODR）是一种将计算机信息处理功能与便利的通信网络相结合的诉讼外争议解决模式，是替代性纠纷解决方式（Alternative Dispute Resolution，ADR）在网络空间的运用。❸ ODR 是指涵盖所有网络上由非法庭但公正的第三人，解决企业与消费者间因电子商务契约所产生争议的所有方式，满足了人们低成本快捷解决纠纷的需求，也回避了确定管辖权的麻烦。

我国互联网金融在线纠纷解决机制的建立可采用以下方式：

①确定申诉部门类型及申诉专员选拔问题。可以考虑采用行政监管部门领导下的行业协会来具体承担此项职能。在申诉专员的设置上，可推荐退休法官、仲裁员或三年内不曾在 P2P 网络借贷信息中介机构内从事职务的专业人士。

②明确互联网金融纠纷解决机制的工作流程。法律应该明确规定将互联网金融纠纷强制性纳入到金融监管范围内，平台也应该在和网

---

❶ 弗兰克·B. 克罗斯，罗伯特·A. 普伦蒂斯. 法律与公司金融［M］. 伍巧芳，高汉，译. 北京：北京大学出版社，2011：89.

❷ 邓建鹏. 互联网金融消费者的困境及其权益保障的思考［J］. 清华金融评论，2016（12）：125.

❸ 陈思彤. P2P 网贷借贷中出借人权利保护法律机制研究［D］. 郑州：河南财经政法大学，2018：46.

贷投资者交易时指出，以格式化合同中显著条款的形式向投资者告知此种救济途径。使网贷投资者在通过平台内部投诉处理机制救济未果后，可以向类似于英国的 FOS 的金融申诉服务机构提出申请。该机构在接到申请后，可以通过约谈、调查方式独立开展工作，并积极主持双方调解，此种调节应通过法律法规确认其约束力或者规定可以进行司法确认。当然该机构在监管部门领导下开展工作，具有一定职权，如果平台不执行已经生效的调解，该机构有权在行业自律管理权限范围内对其进行处罚。行业协会作为民间非营利性自律组织具有的纠纷调解权是行业协会自治权力之争端解决权中重要的职能，具有专业性、灵活性、易于接受性的显著优势。同时法律也应该确认，人民法院需要按照人民调解组织做出的调解协议有效力的模式，通过司法确认的方式确认其裁决效力，从而确保在线纠纷解决机构做出的裁决被承认和被执行。❶

（六）加强投资主体教育

披露主体希望通过对投资主体在金融知识方面的教育实现信息披露目标，但个人投资主体在金融知识领域的教育是天方夜谭，时间和金钱都不允许他们在此投入过多的精力，这种教育投资也可能会使社会资源捉襟见肘。现实中投资主体对许多披露信息并不清楚其意义，许多盖然性的知识披露也是枉然。因此，对投资主体教育需权衡成本与效益的关系。我们可以通过警示与理念灌输两方面实现教育的效果，同时也可以减轻教育成本。比如美国有"在你拥有之前，先了解"（Know Before You Own）的消费者金融监管保护局号召的理念。

简单并通俗地引导投资主体在决定投资前应对被投资对象进行全面的了解，从而判断投资价值，形成把信息披露作为决策时重要参考的正确思维。我们的口号是"投资有风险，入市需谨慎"，缺乏指向性并让人感到市场风险的捉摸不透，无法掌控。对投资主体的警示，证监会可以定期以手机信息的方式发布关于信息披露违规违法处罚决定的公告，促使投资主体潜移默化地增强保护自身财富的意识和重视

---

❶ 徐孟洲，殷华. 论我国互联网金融消费者纠纷解决机制的构建［J］. 财经法学，2015（5）：56.

金融欺诈的违法性，对待投资的态度会更加认真和谨慎，不会认为金融投资就是所谓的赌博游戏。

投资主体在投资过程中不能只凭注册资本额或收益率来判断投资价值，也不可盲目跟风投资。投资主体要学会规避风险，通过主动学习风险投资的相关知识，关注风险准备金、第三方资金存管等关键信息，以及进行分散投资，据此来降低投资风险。目前，我国网络借贷投资群体还非常不成熟，应对网络借贷相关知识进行普及，以及通过对投资知识水平和风险承受能力的测试，并根据测试结果对用户分类提供投资项目。监管部门要打破投资主体"刚性兑付"的思维定式及政府"兜底"的意识，要对投资主体进行投资风险教育。❶

加强互联网金融投资主体教育的实际具体措施。首先，建议有针对性地提高金融投资知识，适时组织、开展培训，提升投资者个人金融素养。在乡镇、小区设立服务咨询台，服务人员定期值班为民众解决疑惑。智能手机的普及，人们可以通过建立微信群、QQ 群或关注公众号的方式进行信息共享。借助这些新媒体让精通金融业务知识的管理员推送金融投资者保护的宣传文章，深化对金融产品和金融服务的认识，从而普及金融知识。同时通过新媒体及大数据了解投资主体行为习惯，在尊重隐私的情况下，整体掌握投资主体的金融习惯，评估投资主体的抗风险能力，针对投资主体推出个性化服务，使投资主体能够真实、准确地了解金融产品，从而减少不必要的损失。还要建立评估机制，不断升级教育内容，培养成熟的互联网金融投资主体。其次，建议以问答形式对易发的纠纷情况进行整理，明确其相应的法规和制度依据，编制"金融消费权益咨询投诉解答目录"，使消费者对金融政策、金融产品有更多的了解，以及告知其正确的投诉维权途径以维护其合法权利，提高金融消费者（投资主体）的保护意识。

## 四、信息披露监管主体监管格局的构建路径

由于传统金融与互联网金融在监管机构权力的划分、监管理念

---

❶ 王修华，孟路，欧阳辉. P2P 网络借贷问题平台特征分析及投资主体识别——来自 222 家平台的证据［J］. 财贸经济，2016（12）：78.

等方面都有所不同，同时，互联网金融经营具有跨界性。因此我们看到了我国分业监管模式带来的体制弊端，互联网金融监管部门间的职责、权限不清，出现多头监管的状态。分业监管和混业经营之间矛盾突出，混业经营趋势加强，分业监管出现真空，形成"各扫门前雪"的格局。❶ 这会导致互联网金融信息披露混乱，降低信息披露主体对信息披露的积极性和充分性，影响投资主体信心，甚至损害投资主体利益。

### （一）互联网金融跨界性的监管哲学

互联网金融具有普惠和跨业经营的双重性质，是基于互联网发展的新兴金融，因其具有极大的开放性，金融产品和业务的准入门槛被大大地降低了。互联网金融具有跨市场、跨地域特点，它的金融产品是一种混业金融模式，跨证券业、保险业和银行业。我国现行的分业监管体制阻碍了这种交叉金融模式的发展。为了更好地设计互联网金融信息披露的监管格局，我们对互联网金融跨界性的监管思路与传统金融进行比较研究，以求互联网金融信息披露在监管格局架构上的构建路径。

由于互联网金融业务具有跨界性、专业性、复杂性和快速成长性等特点，只由单一的工商部门、电信管理部门或者互联网金融协会对相应平台进行事前或者事中业务监督与检查，难以保护互联网金融投资主体的权益。且这种监督与检查要么缺乏法律授权（比如工商部门），要么力不从心（比如"一行三会"，现为一行两会）。因此，在实践中，往往是公安机关在风险事件爆发后，以刑事追惩被告的方式维护互联网金融投资主体的权益。有学者指出，互联网金融平台本身以及行业内部并未建立有效的纠纷解决机制，又因互联网金融的跨界性经营，双方交易出现问题时，通过传统的民商事和刑事法律进行解决，成本高且不方便，现实需求得不到满足。

我国中央集权下的分业监管体制很难满足现实需求。一是现行分

---

❶ 杨秀云，史武男．我国金融安全网的监管规则设计与现实选择［J］．甘肃社会科学，2017（3）：208.

业监管导致各个监管部门分别设计监管办法，而互联网金融的跨市场、跨地域、跨行业的特点，在这样的监管思路和监管架构下出现监管漏洞和重叠监管是无法避免的。二是中央政府和地方政府如何合理分工。金融监管的主体责任当然应该在中央政府，但现有金融监管队伍无论从人员配置还是监管能力上看都很难与互联网金融的发展现状相匹配，仍然在很大程度上需要依靠地方政府的监管力量。而地方政府在金融监管方面既存在利益冲突，也存在权责不对等、信息不充分、能力不配套的问题。

因此，在我国属于中央集权的单一制监管模式下，互联网金融信息披露从政府监管过渡到市场监管层面，在金融机构、地方金融监管部门、行业协会自律组织等单位进行重新划分，意图构建一个以市场为导向，各单位相互协调、相互制衡的多层次互联网金融监管生态系统。

### （二）建立互联网金融信息监管差序格局体系

1. 一元体制下的政府主导的单向、分业监管

总体而言，我国互联网金融监管是"一元单向分业监管"机制，即监管主体是以政府为绝对主体的一元体制；监管的组织架构是以政府规制下的由上至下、由政府向互联网平台、由政府向投资者、由政府向社会的单向一维架构；监管运行机制是金融分业监管；构建了"部门统筹、属地组织、条块结合、共同负责"的协作监管模式。❶基于受传统"大政府、小社会"的现实国情和互联网金融市场错综复杂的利益关系的影响，我们不难发现互联网金融监管中政府部门处于绝对的一元主导地位。而社会性主体力量如行业协会、新闻媒体、第三方组织等的作用一直没有得到足够的重视和积极的发挥。在互联网金融监管中互联网金融协会、新闻媒体这些重要的社会性力量，往往扮演"附和者""报道者"的弱角色，没有发挥出本身社会监管的积极作用。

---

❶ 许多奇，唐士亚. 运动式监管向信息监管转化研究——基于对互联网金融风险专项整治行动的审视与展望 [J]. 证券法苑，2017（22）：25.

现有互联网金融监管格局体系的特征是"一维性"和"单向性"。首先是一维性，主要表现在两个方面，一是监管信息及要求的传播方式由政府发声，而互联网金融平台、社会组织进行反馈和交流的机制还有待提升。二是监管权力运行向度的一维性，政府与互联网平台、金融投资主体、社会之间的合作交流机制并未建立。❶ 其次是单向性，现实基本是政府监管部门对互联网金融平台和产品的监管及查处，互联网金融协会及金融投资主体对监管政策与监管绩效缺乏反向监督。

互联网金融监管依托现有的金融分业监管体制，依据监管对象来确定相应的监管主体，不同的监管机关只针对某一具体的金融业务或金融产品进行整治管理。如银监会（现为银保监会）负责 P2P 网贷；证监会监管股权众筹；保监会（现为银保监会）主导负责互联网保险工作；中国人民银行负责支付机构专项工作；对于部分通过互联网开展资产管理或跨界从事金融业务的情况，则应用"穿透式"监管，在综合资金来源、中间环节与最终投向等信息的基础上，透过表面界定业务本质属性，确定对应的监管部门。

2. 设计互联网金融信息监管差序监管格局

互联网经济讲究的是价值链创新和共享，与传统经济的独占性迥然不同。但分兵把守的分业监管体制会割裂互联网经济的价值链条，变成一个个孤岛。造成的结果就是：一是无数规避行为的滋生，使经营和监管成本加大；二是互联网金融难以发展。因此，我们现在研究的路径是将分业监管的中央集权单一监管发展模式逐渐演变为以金融监管部门、互联网金融行业协会和各地方政府监管局等监管机构相互协调、相互制衡的监管发展权力架构。加强跨部门的互联网金融运营、风险等方面的信息共享，沟通和协调监管立场，加强司法部门与

---

❶ 互联网金融信息网络建设是一个系统性工程，需要多主体的持续投入。信息网络建设已引起监管层的重视。例如，在《互联网金融风险专项整治工作实施方案》中提出，"建立举报制度，出台举报规则，中国互联网金融协会设立举报平台，鼓励通过'信用中国'网站等多渠道举报，为整治工作提供线索。对提供线索的举报人给予奖励，奖励资金列入各级财政预算，强化正面激励"。

金融监管部门之间的协调合作，加强金融监管部门与地方政府之间的协调合作。有学者认为：通过金融监督机构内部自上而下的分权监管理念而形成的差序格局，将拥有监管竞争理论所预测的优势，而且是治理当代中国金融体制弊端的一剂良方。

从金融机构监管自上而下的分权监管理念出发，进而形成竞争监管差序格局的研究思路可以实现以下两个目的：

①从金融监管权力分配角度，最大化地提升市场主导作用；同时互联网金融信息披露标准在于政府适度干预和进行宏观调控的力度。

②从保护投资主体利益角度，一方面满足了互联网金融新兴平台的融资需求；另一方面有效地促进互联网金融市场达到保护投资主体目的。

因此，我们可以率先构建这样一个互联网金融信息披露监管差序格局体系。金融监管部门实行功能监管，主要负责制订信息披露业务规则。行业自律协会制订行业行为准则和相关规则并及时披露行业信息和违约违规与违法处罚情况。各地金融监管部门进行风险预警，依赖大数据和征信评级系统发现风险隐患，并及时披露，从而形成有中国特色的金融信息披露监管格局。

这种多层次互联网金融市场差序竞争格局的形成有以下三个方面的好处：

①通过不同层次和性质的金融机构间的竞争和协调，形成法律规范和市场自律监管机制。

②全国与区域性的差序格局，是多样化监管政策和政府监管竞争理论的具体实施场所，并且这种内部分层不会引起地方权力的再分配。

③有利于全国、区域性金融监管间竞争协调，形成有效的信息反馈和自动纠正机制。

（三）强化地方金融监管部门属地风险预警和处置责任

防范化解互联网金融风险攻坚战，要坚持底线思维，坚持稳中求进，抓住主要矛盾。要统筹协调，形成工作合力，把握好出台政策的节奏和力度。要分类施策，根据不同领域、不同市场金融风险情况，采取差异化、有针对性的办法。要集中力量，优先处理可能威胁经济社会稳定和引发系统性风险的问题。要强化打好防范化解金融风险攻坚战的组织保障，发挥好金融稳定发展委员会的重要作用。要抓紧协调建立中央和地方金融监管机制，强化地方金融监管部门属地风险预警和处置责任。

### （四）实行金融监管部门与行业协会自律组织共同监管

现阶段，我国互联网金融市场存在一定的系统性风险，从2015年中国人民银行等十部门出台《促进互联网金融健康发展的指导意见》开始，国务院授权金融监管机构及中国互联网金融协会对互联网金融实施规制、整顿的内涵是：在对互联网金融市场进行监管整顿期间，通过坚持市场化、法制化管理，完成金融监管机构和互联网金融协会的监管权力分配，同时完善金融监管机构通过信用声誉和行政声誉对信息披露主体进行监管。

我国互联网金融信息披露监管主体不统一，导致信息披露标准及监管规则不一致、重叠且交叉。一是统一协调部门规章和规范性文件。如国务院出台互联网金融管理条例，需对目前各部门规章的信息披露业务指引进行规范与协调。但规范性文件与部门规章间有冲突和矛盾，原因是缺乏协调和适配机制。因此，在前述监管体系基础上，尽快联合出台针对互联网金融信息披露的相关监管规定，统一信息披露规范。建议由国务院法制办对互联网金融法律法规及部门规章的信息披露监管机制建设进行协调，使互联网金融信息披露监管规则实现跨领域、全面化、统筹化、逻辑化、专业化的发展。二是制定自律监管方面的文件。行业自律组织和第三方机构虽然具有较好的代表性和公共性，但缺乏引导互联网金融信息披露监管的权威性和约束力。因此，互联网金融行业协会通过制定信息披露统一标准、督促履行信息披露义务、与会员签署行业公约和建立内部纠纷解决机制等方式，建立互联网金融行业信息披露自律监管规则，实行政府与行业协会自律组织共同监管。中国互联网金融行业协会、地方协会要加强信息披露自律文件和指引间的协调一致性，提高行业协会信息披露规则和标准约束力，明确自律惩戒机制。针对行业协会，要按业务类型制订信披露监管规则和行业标准，配合上层法律法规、部门规章，跟踪监督、认真落实自律监管工作，推动机构之间业务交流和信息共享。因此，中国互联网金融信息披露监管需要多元治理，政府（监管机关）在政策和法规的制定、公共产品供给、多元协调机制维护中发挥主导作用，并将互联网金融企业、行业协会组织、公民社会组织及新闻媒体等纳入一个合作框架之内，发挥各自优势，实现公共性、多元性、灵活性、广泛性的有效结合，增强互联网金融信息披露监管与治理的实效性。❶

（五）强化互联网金融行业协会相关责权

1. 互联网金融协会监管优势

由于我国互联网金融实行中央集权下的分业监管体制，一方面互联网金融协会在现行法律框架和行政监管的双重束缚下对制定新规则和提供新服务的空间动力丧失，并且互联网金融协会的权力上移，导致行政监管与自律监管分工不明、缺乏层次，内部创新动力严重被压制，致使对市场风险无法有效应对；另一方面不需要为竞争而殚精竭虑，因其享受政府的独占特许权。通过对我国互联网金融监管体制现状的分析，我们发现自律监管和市场监管机制的重要性。互联网金融协会其性质为非营利法人、自律组织，以自治自律推进互联网金融市场健康发展为宗旨。正是由于承认了自律监管的法律地位，互联网金融协会凭借自律监管赢得了行政声誉，充当着金融市场中规则制定者和争议仲裁者的角色。同时互联网金融协会出于自身利益和服务竞争的压力，对自身市场体系内的互联网金融平台展开侧重市场风险的信息披露动态监管。互联网金融协会以提高互联网金融信息披露质量为目标，不断形成法律规则和市场监管机制，发挥了创新潜力、达到了市场效应，为多层次的互联网金融市场源源不断地输送了优质的平台资源。

我国互联网金融行业协会是行业性、非营利性社会组织，具有社团法人资格。但我国互联网金融协会具有"政府特许独占权"，原因

---

❶ 许多奇，唐士亚. 运动式监管向信息监管转化研究——基于对互联网金融风险专项整治行动的审视与展望 [J]. 证券法苑，2017（22）：25.

是其在政府的高度监管下实施监管活动，其弊端是使金融监管集中于政府决策，互联网金融协会的成长受到压制，导致新兴互联网产业平台失去良好发展前景。鉴于互联网金融的特点，应发挥行业协会作用，使其履行自律职责。行业协会不是政府部门的派出机构，是金融服务机构。其旨在规范从业机构的市场行为，通过自律管理和会员服务，保护行业合法权益，推动和引导从业机构按照行业规范运行。其职能是落实政策，建设相关互联网金融信息披露规则，进行自律管理。行业自律组织建立信息披露的行业标准和规则，维护金融市场的透明、公平和公正。如全国性行业自律组织——中国互联网金融协会，在规范和发展互联网金融信息披露方面，发挥着越来越重要的作用。其不仅承担制定信息披露管理规则和行业标准，而且还承担制定行业自律惩戒机制等职责。

2. 完善互联网金融协会相关监管职能

互联网金融平台的职能简单地说，就是将借贷双方集结在一个交易平台，使融资者与投资主体的交易效率大大提高，成交量是互联网金融平台工作绩效的重要标志。市场乱象的衍生需匹配监管功能进行管理，而互联网金融协会的主要功能就是为投资主体、互联网金融平台及融资者提供组织服务。这种服务的丰富和演化，一方面是提高互联网金融协会服务质量，即互联网金融协会的自律监管；另一方面是服从法律规制，即政府授权型的法律监管。

中国互联网金融协会是一个综合性的行业自律组织。协会之下根据业态不同，设立相应的专业委员会，受理并处理消费者关于信息披露的投诉。所以，本书认为中国互联网金融协会或类似组织在信息披露方面的作用要积极发挥。为了捍卫消费者权益，在具体监管规则尚未出台之前，诸如中国互联网金融协会、互联网金融千人会等行业自律组织可以针对特定互联网金融不同业态制定安全指引、信息披露指引、电子数据认证与存管指引、互联网金融消费者知情权指引等。首先，行业协会组织要对不同类型的互联网金融平台设立准入门槛和退出机制。对平台的资质进行考察，对不合格企业直接予以否定，禁止进入相应行业；对存在重大风险的互联网金融企业进行风险提示，实施退出机制，最小化企业破产带来的连锁反应。其次，行业协会组织要设立信息披露监管规则。信息披露不仅披露借款人和投资者的信息，重要的是披露平台本身的信息，如股权治理结构信息、财务数据信息和基本运营信息。其中一个重要问题是统一信息披露的口径，使信息能够进行有效整合和处理，及时识别风险、控制风险。实施有效的行业措施，不仅能够减轻政府负担、降低规制成本，而且合理的行业标准，具有针对性和专业性，减轻信息不对称程度，因此中国未来的监管方向是以行业自律为主导力量。

3. 国家立法对行业自律规范的保障机制

为了强化互联网金融协会相关职能的实施力度，增强实施效果，不能缺少国家强制力的保障机制。主要有以下两个方面的保障方式。

①互联网金融借贷交易双方，通过把行业自律规范中的内容写入合同，使行业自律规范转化为双方约定的民事权利和义务，通过"间接"的方式实现国家强制力对行业自律规范的保障。❶

②国家直接通过立法程序认可行业自律规范的内容，实现对行业自律规范的保障。行业自律规范中的部分自律规定经实践检验，成为行业共识，被国家立法吸收后具有国家强制力的保障作用。

（六）互联网金融协会信息披露监管流程预设

互联网金融协会承担信息披露形式审核工作，我们知道实质审核通常包含以下两层含义：一是对信息披露内容的投资价值做出判断，二是对披露信息内容的真实性进行审查。行政机关要做到这两点的实质审核需要耗费大量精力。而形式审核，不需对信息披露内容真实性和投资价值进行审核，坚持市场自由贸易原则，检查披露信息资料格式是否符合要求、信息资料内容是否齐全。形式审核坚持任何一个适格的披露主体都可以进入互联网金融市场进行业务经营。

假设互联网金融协会有信息披露审核工作权力，在信息披露监管上，将会给予互联网金融信息披露主体更多的市场信息，从而使集中

---

❶ 李晴. P2P 网络借贷平台信息披露现状及对策研究 ［D］. 兰州：兰州大学，2017：36.

于政府决策的市场风险得到分散。总的来看，进行信息审核的具体措施可以包括以下四个方面。

①安排组织机构人员。加强信息披露主体行业属性关怀。审核小组的成员通过随机抽取行业专家，如新兴产业和传统产业（石油、纺织、钢铁等领域），其审核成员比例与专家的人数适当对应，同时吸纳专业调研小组的代表，保证调研信息的完整性和真实性不被审核流程弱化。

②规定议事流程。审核小组主席负责维持讨论秩序，采纳"罗伯特议事规则"的方式。为避免审核重点的混淆，要求一个时段内只讨论一个问题。采取倒序的发言次序，同一岗位的成员资历最深的在最后发言，有行政职务比没有行政职务的后发言，以避免"羊群效应"。

③明确审核内容。首先检查格式是否正确和材料是否齐全。其次应注意其他三个问题：一是互联网金融平台收费的限制，避免投资主体投资成本的增加，合理规制中介费用；二是互联网平台资金分配问题，为防止平台内部滥用投资资金，对投资主体的资金投入数额以及互联网平台分红和存款准备金和资金池等进行限制；三是互联网平台内部治理问题，互联网平台内部利益冲突和股东投票权是否完整。这可以有效地防止投资主体资金稀释问题。

④确定问题审核的流程。因我国互联网金融协会人力、物力和精力有限，每位成员的阅读量也是有限的，所以对问题的信息反馈可能比较简单或流于形式。建议实行三轮问题审核反馈机制，提问的内容是针对互联网金融信息披露所披露信息的缺陷，每位审核成员进行提问，然后依据对披露信息的反馈及所披露信息的质量，针对性地继续提问，如此使问题的导出有针对性和有层次性，同时制定相应的"搁浅计划"。针对这些问题的缺陷：比如针对格式问题——终止、对材料的真实性审核——延长、披露内容有实质性缺陷——终止等方式进行，从而使信息披露的形式审核具有准确性和有效性。

## 本章小结

本章论述的是我国互联网金融信息披露监管规则构建。通过前文的理论和实证研究、剖析及比较分析的共同指引，形成了我国互联网金融信息披露监管规则构建的理论思路。

①信息披露主体监管规则的构建路径。运用成本效益理论，建议信息披露主体通过对强制信息披露部分进行整理压缩、对信息披露结构进行优化等措施缩减信息披露合规成本，建立信息披露违规与违法退市机制、建立信息披露违规诉讼机制，提高金融欺诈违法成本等手段来遏制信息披露主体的规避行为。

②信用中介主体信息披露监管规则的构建路径。为了使信用中介主体信用评级达到真实性、科学性、准确性，要通过以下对策来实现，即建立信息披露信用评级标准、建立健全互联网金融信用披露评级机制、构建信息共享机制、建立权威合格的第三方信用评级机构、对信用中介主体进行立法强制监管等。

③投资主体信息披露监管规则的构建路径。运用行为经济学理论和借鉴英美两国保护投资主体的先进经验，建议通过对合格投资主体进行轻推设计、信息披露的设计要符合投资主体心理和行为习惯、设计投资主体的冷静期制度、完善民事诉讼制度、加强投资主体维权能力、加强投资主体教育等措施，提高投资主体的决策能力和救济能力。

④信息披露监管主体监管格局的构建路径。关于互联网金融监管主体的多头监管问题，通过对金融监管竞争理论的分析和对英美两国监管经验的借鉴，提出构建互联网金融信息披露监管差序格局体系、强化地方金融监管部门属地风险预警和处置责任、实行监管部门与行业协会自律组织共同监管、互联网金融协会信息披露监管流程预设等对策。

# 结　语

　　我国互联网金融的野蛮生长以及问题平台的频繁出现，使互联网金融成为社会热点话题。因此，互联网金融市场规范改革是其发展的必然要求。互联网金融拓展了以往银行没有覆盖的人群和企业的金融需求，使民间资本更好地服务实体经济，具有普惠性；互联网金融产品是"你中有我，我中有你"的跨界关系，具有跨界性；运用金融大数据、电商大数据、社交大数据、生活大数据等精准数据真实反映个人（企业）基本信息，具有数据的精准性；金融安全是互联网金融未来发展的重中之重。因此，互联网金融的特点及未来的发展方向是实现普惠金融、跨界金融、精准金融和安全金融。

　　贯彻党的十九大精神，中国特色社会主义进入新时代，互联网金融市场面临前所未有的新使命。抓住机遇、肩负使命，关键就是使互联网金融行业健康有序地发展，前提必须是以充分的信息披露为核心。妥善安排监管规则的建构，保障投资主体利益，实现有效监管是互联网金融改革的重要目标。信息披露质量的提高及互联网金融信息披露监管规则体系的不断完善是保证互联网金融稳定持续发展的重要一环。互联网金融监管的核心是信息披露，并不是简单的涉及披露内容、披露程序、披露标准等事项的规定，其意义在于对互联网金融市场监管理念、监管方式和监管权力等的基础性转变。因此，互联网金融信息披露监管规则的建立及完善应注重现实相关主体存在的困境。

　　信息披露主体规避问题。如何降低信息披露主体的合规成本和提高其信息披露违约违规与违法成本是该问题的集中表现。我国互联网金融信息披露主体违约违规与违法的金融欺诈行为突出，但信息披露违规与违法退市率低，这与互联网金融平台优胜劣汰的运作要求不符。通过对互联网金融信息披露主体的违约违规与违法行为表现及实证分析，可以看出，我国近年信息披露主体信息披露违约违规与违法及提现困难、跑路、非法集资等事件猖獗，究其原因有互联网金融信息披露的易篡改性和隐蔽性、信息披露责任追究机制的缺乏、处罚金额过低等。因此，问题之一是如何构建并完善互联网金融信息披露主体的信息披露监管规则，提高信息披露违约违规与违法成本。

信用中介主体增信失真问题。在缺乏诚信的环境下提高信息披露的质量是问题的关键。通过网络外部性理论分析，互联网平台及融资者为了获客、得到投资主体的青睐，通过第三方评级机构的信用"身份证"，达到融资的目的。我国互联网金融信用评级存在购买行为、披露标准的"与众不同"、内容的有限性和评级方法及程序的随意性等现象。因此，问题之二是如何构建信用中介主体信息披露的监管规则。

投资主体理性决策和救济能力不足。如何使非理性投资主体利用信息披露提高决策能力是问题的集中体现。我国互联网金融投资主体以个人、分散的投资主体为主，对金融相关知识和互联网金融市场的运作等知之甚少，对信息的接受和处理能力较弱。行为经济学理论证明了投资主体的非理性投资意识、阅读和接受能力的偏差、"政府兜底"行为的非理性救济思维等。因此，问题之三是如何构建投资主体信息披露的监管规则。

我国目前的分业监管体制与我国互联网金融业务的跨地域、跨行业、跨界性等特征所造成的监管空白和重叠的矛盾问题集中体现在信息披露监管格局方面。通过对英美信息披露规则的比较分析发现美国互联网金融建立在"联邦—州—行业自律组织"三足鼎立的监管架构之上，英国的互联网金融监管采用政府监管与行业自律双重规制。我国目前实现的是中央高度集权下的分业监管体制，而且互联网金融的跨界经营与分业监管体制压制了互联网金融市场化的发展，使信息披露监管出现监管标准和内容的不统一、监管规则的重叠和空白，以及地方金融监管与互联网金融协会的建规、执规和追责能力的不足，等等。因此，问题之四是如何构建以监管主体信息披露监管权力制衡为基础的监管规则研究进路。

根据以上对互联网金融信息披露监管相关四大主体存在的困境分析，以及上述理论和实证研究、剖析及比较分析的路径，形成了互联网金融信息披露监管规则设计的理论思路。从信息披露主体规避、信用中介主体增信失真、投资主体非理性和救济能力不足、监管主体监管问题四个方面——进行分析。

其一，从成本效益理论视角出发，因披露主体披露的动机是满足合规性和收益最大化，建议优化信息披露内容和结构压缩，从而减小信息披露主体的合规成本。同时，强化事中事后监管的措施，建立信息披露违规退市机制，如加强信息披露违规诉讼机制的执法绩效和提高金融欺诈违法成本等。提高披露主体金融欺诈成本，遏制其规避行为，满足互联网金融信息披露的市场化导向。

其二，从网络外部性理论视角出发，因我国互联网金融缺乏诚信的社会环境，平台虚假披露、延迟披露、不完整披露等信息披露失信行为严重。通过网络外部性理论分析得出互联网金融平台及融资者的根本目的是获客，第三方评级机构的信用评级对信息披露主体起到信用"身份证"的作用，对信息披露主体可起到获客效应。建立信息披露信用评级标准、建立信息披露评级机制、建立权威合格的第三方信用评级机构及国家征信体系，使互联网金融在诚信社会环境中进行，保障投资主体的利益。

其三，从行为经济学理论视角出发，解决我国互联网金融市场投资主体非理性投资决策及信息处理和救济能力薄弱的问题。建议建立合格投资主体的轻推设计、信息披露符合投资主体心理和行为习惯设计、投资主体的冷静期制度设计以及完善民事诉讼救济机制。通过加强投资主体维权能力、加强投资主体教育等路径，通过提高投资主体的决策能力和救济能力等措施，保障投资主体风险与利益之间的制衡。

其四，从金融监管竞争理论出发，确立信息披露监管的多层次、差序化的金融监管理念。通过构建互联网金融信息披露监管差序格局体系、强化地方金融监管部门属地风险预警和处置责任、实行监管部门与行业协会自律组织共同监管和互联网金融协会信息披露监管流程预设等有效的应对措施，实现以政府为主导的多元主体共同监管机制。运用政府监管与自律监管的功能，使地方金融及互联网金融协会的正面效应作用得到发挥，形成互联网金融监管主体的多元化、差序化的监管格局。

综上所述，对互联网金融信息披露监管相关四大主体分别从不同的理论角度进行分析和破解，对我国互联网金融信息披露监管规则进行完善和构建。一方面为实现互联网金融信息披露的有效监管提供了有效的对策，有利于保障互联网金融创新及金融安全；另一方面加强互联网金融风险控制、保护投资主体的利益，为我国互联网金融的普惠、精准、安全提供理论支持和对策依据。

同时，本书还存在一些不足之处，这也是将来深入研究的重点，更是笔者未来继续努力学习和研究的方向，突出体现在以下两个方面。

第一，本书仅仅从互联网金融信息披露监管相关主体存在的困境出发进行分析和破解，分门别类地进行构建互联网金融信息披露监管规则，但对互联网金融不同模式业态下的信息披露缺乏具体研究。

第二，当前对于互联网金融信息披露的研究以定性研究为主，定量研究较少。所以要基于数据、面向科技并根据互联网金融信息披露的特殊性，明确构建"互联网金融大数据信息平台"。运用风险测度、大数据、云计算、金融计量等多学科知识对互联网金融信息披露进行实证定量研究是未来研究的一个重点，也是笔者继续学习的方向。

# 参考文献

［1］ Ben – Shahar, E Scheider. The Futility of Cost – Benefit Analysis In Financial Disclosure Regulation ［J］. Journal of Legal Studies, 2014 (43)：253 – 265.

［2］ Brandeis L D. Other People's Money and How the Bankers Use It ［M］. Cosimo, 2009 (23)：62.

［3］ Manns. Building Better Bailouts：The Case for a Long – Term Investment Approach ［J］. Florida Law Review, 2011 (63)：1349 – 1406.

［4］ Gonzales, Fernando, et al. Market Dynamics Associated with Credit Ratings：A Literature Review, European Central Bank ［J］. Occasional Paper Series, 2004 (6)：7 – 8.

［5］ Burton G, Malkiel. The Efficient Market Hypothesis and Its Critics ［J］. The Journal of Economic Perspectives, 2003 (14)：59 – 60.

［6］ Ronald J Gilson, Reinier H Kraakman. Market Efficiency after the Financial Crisis：It's Still a Matter of Information Costs ［J］. Virginia Law Review, 2014 (100)：341.

［7］ Ronald J Gilson, Reinier H. Kraakman：The Mechanisms of Market Efficiency ［J］. Virginia Law Review, 1984 (70)：549 – 552.

［8］ Simon. Models of Bounded Rationality, Cambridge ［M］. Mass：MIT Press, 1982：213 – 216.

［9］ Jolls, Sunstein, Thaler. A Behavioral Approach to Law and Economics ［J］. Stanford Law Review, 1998 (50)：1471 – 1550.

［10］ Kaplow, Shavell. Why the Legal System is Less Efficient than the Income Tax in Redistribution Income ［J］. Journal of Legal Studies, 1994 (23)：337 – 681.

［11］ J Benston. Required Disclosure and the Stock Market：An Evaluation of the Securities Exchange Act of 1934 ［J］. American Economic Review, 1973 (63)：115.

［12］ B Greenwald, E Stiglitz. Asymmetric Information and the New Theory of the Firm：

Financial Constrains and Risk Behavior ［J］. American Economic Review, 1990 (80): 160 – 166.

［13］ E Fama. The Behavior of Stock Market Prices ［J］. Journal of Business, 1965 (46): 65 – 66.

［14］ Omri Ben – Shahar, Carl E Scheider. The Futility of Cost – Benefit Analysis In Financial Disclosure Regulation ［J］. Journal of Legal Studies, 2014 (43): 253 – 265.

［15］ Durkin, Thomas A, Gregory Elliehausen. Truth in Lending: Theory, History and a Way Forward ［M］. New York: Oxford University Press, 2011: 312.

［16］ Katz M, Shapiro C. Network Externalities, Competition and Compatibility ［J］. American Economic Review, 1985 (75): 424 – 440.

［17］ Shapiro C, Varian H R. Information Rules: A Strategic Guide to the Network Economy, Cambridge ［J］. MA: Harvard Business School Press, 1999: 35 – 53.

［18］ Mingchun S, Edison T. Resource Accumulation and Strategic Alternatives in Two – Sided Markets ［J］. Journal of Management Studies, 2009 (46): 45 – 64.

［19］ Ronald J Gilson, Reinier H Kraakman. Market Efficiency after the Financial Crisis: It's Still a Matter of Information Costs ［J］. Virginia Law Review, 2014 (3): 341.

［20］ Robert A Prentice. Whither Securities Regulation, Some Behavioral Observation Regarding Proposals for its future ［J］. Duke Law Review, 2002 (51): 221 – 235.

［21］ J Chnoi, T Guzman. Portable Reciprocity: Rethinking the Internatinal Reach of Securities Regulation ［J］. California Law Review, 1998 (71): 66 – 89.

［22］ Romano. A Market Approach to Securities Regulation ［J］. Yale Law Review, 1998 (107): 91 – 108.

［23］ Burton G Malkiel. The Efficient Market Hypothesis and Its Critics ［J］. The Journal of Economic Perspectives, 2003 (14): 59 – 60.

［24］ Freedman S, G Jin. Learning by Doing with Asymmetric Information: Evidence from- Prosper. com ［J］. NBER Working Paper, No. 16855, 2011 (9): 203 – 212.

［25］ Puro, L J Teich, H Wallenius, J Wallenius. Borrower Decision Aid for People – to – people Lending ［J］. Decision Support Systems, 2010 (49): 52 – 60.

［26］ ［美］乔尔·塞利格曼. 华尔街变迁史——证券交易委员会及现代公司融资制度的演化进程 ［M］. 田风辉, 译. 北京: 经济科学出版社, 2004.

[27] [英] 威廉·福布斯. 行为金融 [M]. 孔东民, 译. 北京: 机械工业出版社, 2011.

[28] [美] 乔治·阿克洛夫. 动物精神 [M]. 黄志强, 等, 译. 北京: 中信出版社, 2009.

[29] [美] 弗里曼. 社会网络分析发展史. 张文宏, 等, 译. 北京: 中国人民大学出版社, 2008.

[30] [美] 本·沙哈尔. 过犹不及 [M]. 陈晓芳, 译. 北京: 法律出版社, 2015.

[31] [美] 斯蒂芬德森那. 众筹 [M]. 北京: 中国人民大学出版社, 2015.

[32] 黄震, 邓建鹏. 互联网金融法律与风险控制 [M]. 北京: 机械工业出版社, 2017.

[33] 王达. 美国互联网金融与大数据监管研究 [M]. 北京: 中国金融出版社, 2016.

[34] 蔡奕. 十字路口的中国证券法: 中国证券市场法制新问题研究 [M]. 北京: 人民法院出版社, 2009.

[35] 吴弘, 胡伟. 市场监管法论——市场监管法的基础理论与基本制度 [M]. 北京: 北京大学出版社, 2006

[36] 齐斌. 证券市场信息披露法律监管 [M]. 北京: 法律出版社, 2000.

[37] 陈汉文. 证券市场会计监管 [M]. 北京: 中国财政经济出版社, 2001.

[38] 吴志攀, 白建军. 弱冠临风 [M]. 上海: 上海三联书店出版社, 2013.

[39] 冯果, 等. 网上证券交易法律监管问题研究 [M]. 北京: 人民出版社, 2011.

[40] 彭冰. 中国证券法 [M]. 北京: 高等教育出版社, 2010.

[41] 张五常. 经济解释 [M]. 北京: 中信出版社, 2015.

[42] 李信宏, 邵立强, 等. 信用评级 [M]. 北京: 中国人民大学出版社, 2006.

[43] 叶世清. 征信的法理与实践研究 [M]. 北京: 法律出版社, 2010.

[44] 中国互联网金融协会. 中国互联网金融年报 2017 [M]. 北京: 中国金融出版社, 2017.

[45] 袁敏. 资信评级的功能检验与质量控制研究 [M]. 上海: 立信会计出版社, 2007.

[46] 李爱军. 互联网金融法律与实务 [M]. 北京: 机械工业出版社, 2015.

[47] 李忠. 中国上市公司信息披露质量研究 [M]. 北京: 经济科学出版社, 2012.

[48] 沈朝晖. 证券法的权力分配 [M]. 北京: 北京大学出版社, 2016.

[49] 蔡奕. 证券市场监管执法问题研究——来自一线监管者的思考 [M]. 厦

门：厦门大学出版社，2015.

[50] 互联网金融研究院．互联网金融年鉴 2014—2016［M］．北京：中国经济出版社，2017.

[51] 胡海鸥，贾德奎．货币理论与货币政策［M］．上海：上海人民出版社，2012.

[52] 李东荣．中国互联网金融发展报告［M］．北京：社会科学文献出版社，2015.

[53] 罗明雄，唐颖，刘勇．互联网金融［M］．北京：中国财政经济出版社，2013.

[54] 林钧跃．企业信用管理［M］．北京：企业管理出版社，2000.

[55]［美］弗兰克·B．克罗斯，罗伯特·A．普伦蒂斯．法律与公司金融［M］．伍巧芳，高汉，译．北京：北京大学出版社，2011.

[56] 岳彩申，等．互联网与民间融资法律问题研究［M］．北京：法律出版社，2014.

[57] 朱荣恩．资信评级［M］．上海：上海财经大学出版社，2006.

[58] 许多奇．互联网金融法律评论［M］．北京：法律出版社，2015.

[59] 邱勋．P2P 与股权众筹［M］．北京：中国金融出版社，2016.

[60] 武长海，涂晟．互联网金融监管基础理论研究［M］．北京：中国政法大学出版社，2016.

[61] 张健华．互联网金融监管研究［M］．北京：科学出版社，2016.

[62] BR 互联网金融研究院．互联网金融报告 2017［M］．北京：中国经济出版社，2017.

[63] 罗明雄，唐颖，刘勇．互联网金融［M］．北京：中国财政经济出版社，2013.

[64] 杨涛．互联网金融理论与实践［M］．北京：经济管理出版社，2015.

[65] 武长海．P2P 网络借贷法律规制研究［M］．北京：中国政法大学出版社，2016.

[66] 黄震，邓建鹏．P2P 网贷风云：趋势·监管·案例［M］．北京：中国经济出版社，2015.

[67] 杨东，文诚公．互联网＋金融＝众筹金融［M］．北京：人民出版社，2015.

[68] 巴曙松，谌鹏．互动与融合·互联网金融时代的竞争新格局［J］．中国农村金融，2012（24）.

[69] 郭艳，李娟．金融混业发展与双重监管模式［J］．我国互联网金融监管研究，西南金融，2015（10）.

[70] 丁玉，卢国彬．互联网金融：本质，风险及监管路径［J］．金融发展研究，2016（10）.

［71］潘静．互联网金融监管规则的完善——以美英国家为镜鉴［J］．河北经贸大学学报，2018（3）．

［72］吴晓求．互联网金融：成长的逻辑［J］．财贸经济，2015（2）．

［73］杨宇珊．我国互联网金融监管理论研究及现状分析［J］．浙江金融，2017（11）．

［74］孔丽．互联网金融风险传导机制与违约成因的法律研究［J］．互联网金融法律评论，2017（8）．

［75］贺锐骁．我国企业资产金融化信息披露制度建设的现状及完善建议［J］．金融法苑，2017（95）．

［76］杨东．互联网金融风险规制路径［J］．中国法学，2015（3）．

［77］袭鹏程，公庆．美国众筹监管立法研究及其对我国的启示［J］．金融监管研究，2014（11）．

［78］吴晓光，李明凯．从信息不对称理论看我国的金融信息服务［J］．金融发展研究，2011（3）．

［79］甘培忠，夏爽．信息披露监管规则构建中的矛盾与平衡——基于监管机构、平台企业与投资者的视角［J］．法律适用，2017（17）．

［80］李爱君．互联网金融的本质与监管［J］．中国政法大学学报，2016（2）．

［81］汪彩华，蒋文文，章温博．论互联网金融融资人信息披露的准确性和完整性［J］．中国市场，2017（15）．

［82］周琰．互联网金融的理论基础及其网络经济特点［J］．中共福建省委党校学报，2015（11）．

［83］易燕，徐会志．网络借贷法律监管比较研究［J］．河北法学，2015（3）．

［84］［美］佛郎切斯科·帕里西，佛农·史密斯．非理性行为的法和经济学［J］．比较，2005（21）．

［85］李树．行为经济学的勃兴与法经济学的发展［J］．社会科学战线，2008（9）．

［86］魏建．行为经济学与行为法经济学：一个简单介绍［J］．新制度经济学研究，2003（2）．

［87］魏建．理性选择理论与法经济学的发展［J］．中国社会科学，2002（1）．

［88］周林彬，黄健梅．行为经济学与法律经济学［J］．学术研究，2004（12）．

［89］戴险峰．"互联网金融"提法并不科学［J］．中国经济信息，2014（5）．

［90］戴险峰．互联网金融真伪［J］．财经，2014（7）．

［91］健宁．我国互联网金融发展中的问题与对策［J］．人民论坛，2014（3）．

［92］杨阳，张宇．互联网金融在金融改革中的机遇与挑战——以阿里金融为例［J］．时代金融，2014（5）.

［93］刘宪权．论互联网金融刑法规制的"两面性"［J］．法学家，2014（5）.

［94］郭峰．证券市场虚假陈述及其民事赔偿责任［J］．法学家，2003（2）.

［95］汪彩华，李仁杰．互联网金融产品的法律分析［J］．法制与社会，2014（4）.

［96］胡晓炼．完善金融监管协调机制，促进金融业稳健发展［J］．中国产经，2013（10）.

［97］杨秀云，史武男．我国金融安全网的监管规则设计与现实选择［J］．甘肃社会科学，2017（3）.

［98］应情倩，刘海二．互联网金融的规制路径研究［J］．西南金融，2017（10）.

［99］黄震，邓建鹏，熊明．英美P2P监管体系比较与我国P2P监管思路研究［J］．金融监管研究，2014（10）.

［100］王腊梅．论我国P2P网络借贷平台信息披露制度的构建［J］．南方金融，2015（7）.

［101］陈伟，涂有钊．美国P2P网贷的发展困境、监管及启示［J］．西南金融，2017（1）.

［102］高觉民，赵沁乐．P2P网络借贷平台信用风险——博弈视角下声誉机制的混同均衡［J］．南京财经大学学报，2017（2）.

［103］穆西安．信息披露与金融市场信用制度建设［J］．中州学刊，2004（6）.

［104］王修华，孟路，欧阳辉．P2P网络借贷问题平台特征分析及投资主体识别——来自222家平台的证据［J］．财贸经济，2016（12）.

［105］杨秀云，史武男．我国金融安全网的制度设计与现实选择［J］．甘肃社会科学，2017（3）.

［106］邓建鹏．互联网金融消费者的困境及其权益保障的思考［J］．清华金融评论，2016（12）.

［107］李海舰，田跃新，李文杰．互联网思维与传统企业再造［J］．中国工业经济，2014（10）.

［108］廖志敏，陈晓芳．强制披露理论依据之批评［J］．北京大学学报（哲学社会科学版），2009（46）.

［109］周新生．P2P网贷平台消费者基本权利保护——基于服务协议的分析［J］．法学杂志，2016（9）.

[110] 王曙光，张春霞．互联网金融发展的中国模式与金融创新［J］．长白学刊，2014（1）．

[111] 陈燕，李晏墅，李勇．声誉机制与金融信用缺失的治理［J］．中国工业经济，2005（8）．

[112] 郭雳．证券集团诉讼的功用与借鉴［J］．证券法院，2010（2）．

[113] 张海洋．信息披露监管与P2P借贷运营模式［J］．经济学（季刊），2017（1）．

[114] 刘越，徐超，于品显．互联网金融：缘起、风险及其监管［J］．社会科学研究，2014（3）．

[115] 任春华，卢珊．互联网金融的风险及其治理［J］．学术交流，2014（11）．

[116] 洪娟，曹彬，李鑫．互联网金融风险的特殊性及其监管策略研究［J］．中央财经大学学报，2014（9）．

[117] 邱灵敏．互联网金融风险成因及监管对策——由e租宝非法集资事件引发的思考［J］．北京政法职业学院学报，2017（3）．

[118] 陈燕，李晏墅，李勇．声誉机制与金融信用缺失的治理［J］．中国工业经济，2005（8）．

[119] 刘宪权．论互联网金融刑法规制的"两面性"［J］．法学家，2014（5）．

[120] 朱侃．互联网基金销售中信息披露乱象及其监管［J］．互联网金融与法律，2014（9）．

[121] 郝旭光，黄人杰．信息披露监管问题研究［J］．财经科学，2014（11）．

[122] 刘倩云．我国互联网金融信息披露制度研究［J］．北京邮电大学学报（社会科学版），2016（4）．

[123] 侯仕军．网络外部性和信用价值［J］．中国经济问题，2002（5）．

[124] 常健，罗伟恒．论我国信用违约互换（CDS）风险的法律防范——基于信息披露规则完善的视角［J］．上海财经大学学报，2017（3）．

[125] 习谏．论我国社会信用体系的建立及其模式选择［J］．中州大学学报，2006（4）．

[126] 王腊梅．论我国P2P网络借贷投资人保护的实现机制——基于行为经济学视角的制度设计［J］．湖湘论坛，2017（1）．

[127] 杨淦．上市公司差异化信息披露的逻辑理路与制度展开［J］．证券市场导报，2016（1）．

[128] 武玉胜．互联网金融投资者保护机制下信息披露理念审视［J］．长春金融高等专科学校学报，2016（3）．

[129] 钟维，王毅纯. 中国式股权众筹：法律规制与投资者保护 [J]. 西南政法大学学报，2015 (2).

[130] 孙永祥，何梦薇，孔子君，等. 我国股权众筹发展的思考与建议——从中美比较的角度 [J]. 浙江社会科学，2014 (8).

[131] 梁清华. 论我国私募信息披露制度的完善 [J]. 中国法学，2014 (4).

[132] 傅穹，杨硕. 股权众筹信息披露制度悖论下的投资者保护路径构建 [J]. 社会科学研究，2016 (2).

[133] 庄雷. 互联网融资、资源配置效率与风险监管研究 [D]. 南京：东南大学，2016.

[134] 颜凌云. 金融投资者差异化保护制度研究 [D]. 南昌：江西财经大学，2017.

[135] 杨硕. 股权众筹法律问题研究 [D]. 长春：吉林大学，2017.

[136] 赵毅. 互联网金融企业 A 投资场 IPO 行为偏好研究——基于融资和增信的双重视角 [D]. 哈尔滨：哈尔滨工业大学，2017.

[137] 樊富强. 跨境股权众筹信息披露监管协调机制研究 [D]. 北京：对外贸易大学，2017.

[138] 武俊桥. 证券信息网络披露监管法律制度研究 [D]. 武汉：武汉大学，2010.

[139] 聂飞舟. 信用评级机构法律监管研究——美国法的考察和中国借鉴 [D]. 上海：华东政法大学，2011.

[140] 徐苗溪. P2P 网络借贷平台的监管制度研究 [D]. 天津：天津工业大学，2017.

[141] 李晴. P2P 网络借贷平台信息披露现状及对策研究 [D]. 兰州：兰州大学，2017.

[142] 中国经济网. 违规互联网金融平台需高度重视 [EB/OL]. (2017 - 07 - 12) [2017 - 12 - 06]. http：//stock. jrj. com. cn/2017/07/12162922738648. shtml.

[143] 北京商报. 互联网金融业发展报告：最严整治后的生与死 [EB/OL]. (2001 - 12 - 12) [2018 - 03 - 02]. http：//www. cebnet. com. cn/20161212/102344702. html.

[144] 王宇. 信息不对称、行为监管与互联网金融规范发展 [EB/OL]. (2016 - 07 - 05) [2017 - 08 - 18]. 中国经济报告，http：//finance. china. com. cn/money/efinance/jgdt/20160705/3797664. shtml.

[145] 搜狐网. 我国 ABS 信息披露规则体系的前世今生 [EB/OL]. (2017 – 12 – 06) [2018 – 02 – 18]. http：//www. sohu. com/a/208755201_ 770145.

[146] 新浪网. 互联网金融监管全梳理 [EB/OL]. (2017 – 03 – 09) [2017 – 12 – 28]. http：//finance. sina. com. cn/money/bond/20170309/133126116280. shtml.

[147] 许怿滨. 互联网金融法律解读 [EB/OL]. (2016 – 05 – 26) [2017 – 12 – 08]. http：//www. sohu. com/a/117507369_ 450573.

[148] 庄心一. 推动投资者导向型信息披露 [EB/OL]. (2014 – 11 – 01) [2017 – 09 – 12]. 第一财经网, http：//www. yicai. com/news/2014/11/01/ 4035435. html.

[149] 证监会. 截至 2017 年底我国资本市场个人投资者达 1. 34 亿 [EB/OL]. (2018 – 01 – 17) [2018 – 03 – 26]. 中国财经网, http：//finance. ifeng. com/ a/20180117/15930679_ 0. shtml.

[150] 黄益平. 中国需要什么样的互联网金融监管? [EB/OL]. (2016 – 10 – 26) [2017 – 12 – 10]. http：//www. sohu. com/a/117457401_ 508417 2016 – 10 – 26 20：07：34.

[151] 吴晓求：中国金融监管改革目标不是一行三会合并 [EB/OL]. (2018 – 01 – 10) [2018 – 03 – 12]. 新浪财经, http：//finance. sina. com. cn/china/ gncj/2018 – 01 – 10/doc – ifyqptqv6692887. shtml.

# 后　记

本书是我在博士学位论文的基础上修订而成。提笔追忆往昔，颇为惆怅，时光已在不知不觉中流逝。出版之际，感慨良多。记得当初，我向导师熊老师请教博士论文选题时，熊老师建议我查找资料，找准自己的兴趣点。近几年我国互联网金融蓬勃发展，中国互联网金融市场前所未有的新现象和新问题深深地吸引了我。我怀着久违的欣喜和好奇去尝试解析我国互联网金融蓬勃发展的原因以及出现的种种问题，但在研究过程中发现很多学者已开始研究甚至有些方面的研究已较为成熟，凭着热情和执着，我时刻关注我国互联网金融发展，随后不断收集相关资料和研读相关著作，同时积极参加各层次的研讨会，最终把选题定在我国互联网金融信息披露监管这一问题上。

多少个寂静的深夜，独自畅游在思维的王国里欢歌悲悯。我的心被感恩之情融化，化成滚烫燃烧的激情。首先，感谢我的导师熊进光教授，熊老师工作繁忙，但从论文选题到框架搭建，从撰写修改到最终成稿，离不开熊老师的尽心指导。在读博期间熊老师不断培养我独立的思考和研究能力。感谢我的师母，每次与您交谈，您都是那么和蔼可亲，对我嘘寒问暖。每次遇见，您都会疼爱地对我说："家里有两个小孩，写博士论文不容易吧"。我们似姐妹、似友人，师母的温婉给予我安心的力量。

感谢江西财经大学邓辉教授，邓老师宽厚仁爱、提携后学的长者风范令我终生难忘。在我论文写作过程中邓老师提出了许多宝贵建议。一直蒙受邓老师的深厚照顾和关心，既有学业上的指导与启发，也有人生中的指点及引导，亲见邓老师待人接物的宽厚谦逊，对学术的严谨，从做人到做学问。在此我再次向邓老师对我学术上的指导和帮助致以崇高的敬意!

感谢学习期间巫文勇教授、蒋岩波教授、桂荷发教授……的指导和帮助。感谢我的同事王妮妮老师在我读博期间给予的鼓励和支持,感谢在我求学期间陪伴我鼓励我的朋友和同学们,在此不一一列举。

我要感谢我的家人。我的先生贾林,因你的鼎力支持,我才走到今天。回想我们从大学校园的牵手一直走到今天有两个可爱聪明的宝宝,一路走来磕磕碰碰,但彼此从未放弃对方,今生有你,足矣。感谢我的父母,你们永远是我的精神支柱,你们的鼓励和支持是我不断前行的动力。感谢我的姐姐和妹妹每次当我在生活中遇到挫折、在论文中纠结时,总会很坚定地鼓励我,同时告诉我已经做得很好了,她们一直以我为骄傲,无条件地相信我、支持我。感谢我的公公和婆婆,在我的写作过程中,你们帮我照料家里的事,谢谢你们!

最后,本书的出版得到了江西理工大学优秀博士论文经费的资助以及知识产权出版社给予大力的支持和帮助。感谢蔡虹主任和编辑等的帮助,他们负责、敬业的工作态度以及高水平的编校使本书得以顺利出版。

本书的写作,我参考了大量的研究资料,但因学科知识背景及学术水平的有限,难以驾驭和把握……有些方面在书中还不能予以具体而深入的探讨,在此敬请理论界及做实务工作的同仁们多加批评指正。

邱灵敏

2019 年 10 月